UDIAN FOSHAN 源远流长

——佛山非物质文化遗产保护丛书

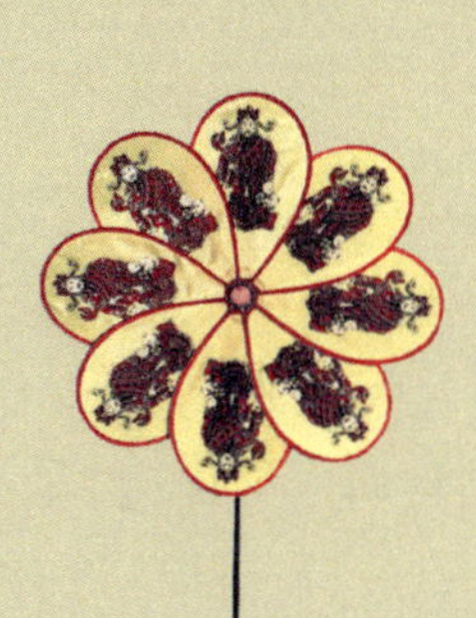

行通济

XING TONGJI

申小红◎著

世界图书出版公司
广州 · 上海 · 西安 · 北京

图书在版编目（CIP）数据

行通济 / 申小红著 . -- 广州 : 世界图书出版广东有限公司 , 2021.6（2025.1重印）

ISBN 978-7-5192-8676-7

Ⅰ . ①行… Ⅱ . ①申… Ⅲ . ①风俗习惯—介绍—佛山 Ⅳ . ① K892.465.3

中国版本图书馆 CIP 数据核字 (2021) 第 117401 号

书　　名　行通济
　　　　　XING TONGJI
著　　者　申小红
策划编辑　康琬娟
责任编辑　刘　旭
出版发行　世界图书出版有限公司　世界图书出版广东有限公司
地　　址　广州市海珠区新港西路大江冲 25 号
邮　　编　510300
电　　话　020-84460408
网　　址　http://www.gdst.com.cn/
邮　　箱　wpc_gdst@163.com
经　　销　新华书店
印　　刷　悦读天下（山东）印务有限公司
开　　本　889 mm × 1194 mm　1/32
印　　张　6.5
字　　数　150 千字
版　　次　2021 年 6 月第 1 版　　2025 年 1 月第 2 次印刷
国际书号　ISBN 978-7-5192-8676-7
定　　价　59.80 元

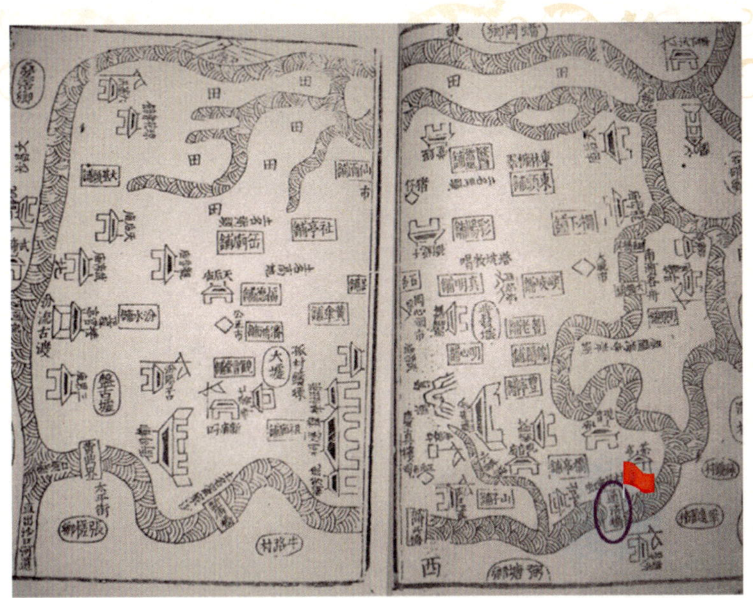

彩图 1　乾隆年间佛山城区图局部：通济桥在右下方，呈东西方向。采自《乾隆·佛山忠义乡志》

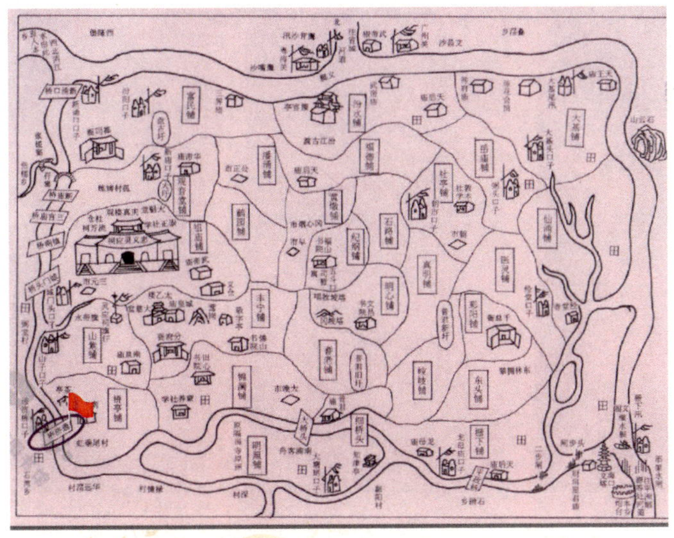

彩图 2　道光年间佛山城区图局部：通济桥在左下方，呈东西方向。采自《道光·佛山忠义乡志》

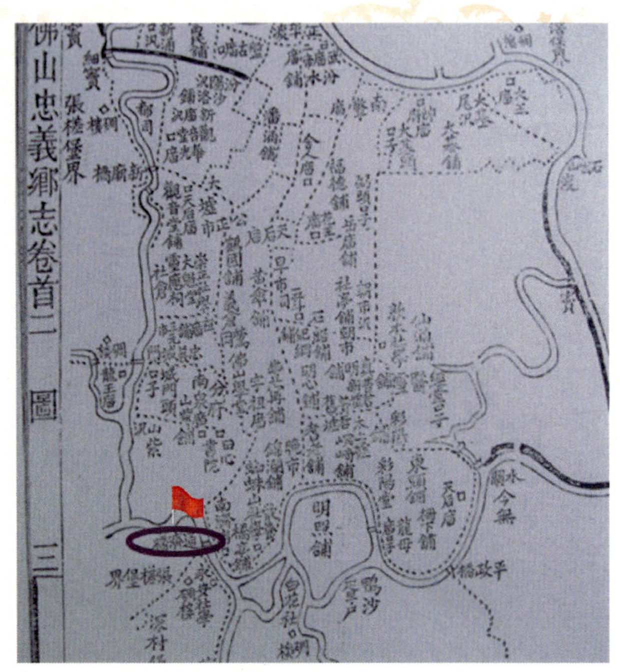

彩图 3　民国时期佛山城区图局部：通济桥在左下方，呈东西方向。采自《民国 · 佛山忠义乡志》

彩图 4　1972 年佛山城区图局部：通济桥在左下方，呈东北西南方向。佛山地区委员会绘制

彩图 5　佛山古八景之一：村尾垂虹。采自《道光·佛山忠义乡志》

彩图 6　明代《上元·走百病上城头》。采自王弘力《古代风俗百图》

彩图 7　通济桥牌坊上的薄意雕 1：佛山民俗正月十六“行通济、无闭翳”。2012 年摄

彩图 8　通济桥牌坊上的薄意雕 2：仙人赐福风调雨顺，春安夏泰秋吉冬祥。2012 年摄

彩图 9　清嘉庆十二年（1807）修建的石质通济桥，呈东西方向，1958 年拆除重建前还残存。采自佛山市城建档案馆

彩图 10　通济桥牌坊上的装饰花灯。2013 年摄

彩图 11　20 世纪 80 年代佛山广大民众“行通济”。任祖年摄

彩图 12　平日里的通济桥：桥头用九根防滑条代替了九级台阶。2013 年摄

彩图 13　2001 年重建后的通济桥。2013 年摄

彩图 14　平日里的通济桥牌坊：市民坐在牌坊下的门槛上休息。2013 年摄

彩图 15　2014 年的通济桥牌坊：为了避免“行通济”时出现绊倒、踩踏等安全事故，如今牌坊下面的门槛已经被移除，似乎少了很多韵味。2014 年摄

彩图 16　通济桥桥碑，2001 年佛山市人民政府立。2010 年摄

彩图 17　通济桥畔的志愿者。2013 年摄

彩图 18　通济桥畔铜雕：《放烟火》。2013 年摄

彩图 19　通济桥畔铜雕：《举风车，行通济》。2013 年摄

彩图 20　陶塑生菜模型。2013 年摄

彩图 21　鱼乐亭畔的荷池。2013 年摄

彩图 22　生菜扎：每扎里有一个红包（即利是封）、一棵葱、两棵生菜、三支香。2013 年摄

彩图 23　现代风车。2013 年摄

彩图 24　带卡通图像的现代风车、花灯。2013 年摄

彩图 25　"行通济"现场指挥部。2014 年摄

彩图 26
令人耳目一新的花样风车。2014 年摄

彩图 27　通济桥尾的风车模型。2014 年摄

彩图 28　公益捐献：手机下载一次“通济”APP 或扫描二维码，就能捐献 1 元钱到公益基金账户。2014 年摄

彩图 29　视频截图：旧时简易的木板桥。采自佛山市大湖文化传播有限公司赠阅的光盘《岭南印象——行通济》

彩图 30　视频截图：旧时的石质三拱桥。采自佛山市大湖文化传播有限公司赠阅的光盘《岭南印象——行通济》

彩图 31　视频截图：旧时通济桥及牌坊三维动画效果图。牌坊背面廊柱上的对联：通运贯千秋，启泰群黎兴百业；济慈连广宇，匡同社稷共升平。左右两侧门一为“通津”，一为“胜景”。采自佛山市大湖文化传播有限公司赠阅的光盘《岭南印象——行通济》

彩图 32　视频截图：旧时“行通济”路线示意图。采自佛山市大湖文化传播有限公司赠阅的光盘《岭南印象——行通济》

《源远流长——佛山非物质文化遗产保护丛书》编辑委员会

总　序

非物质文化遗产是世代口耳相传，且经过岁月的筛选存留下来的瑰宝，是祖先千百年来积累的智慧结晶和精神财富，是留给我们的珍贵记忆。非物质文化遗产最大的特点是无形、活态流变性，它始终鲜活生动地传递、展现着历史文化，可谓："一脉文心传万代，千古不绝是真魂。"①

随着全球化的发展，如今许多非物质文化遗产都面临着消失或丧失多样性的严重威胁，佛山的也不例外。我们必须面对这种紧迫性，重视保护传统文化多样性、民族性、本土性，加倍珍惜其文化价值，抢救、保护和传承非物质文化遗产重要的精神价值，这是时代赋予我们不可推卸的历史使命和义不容辞的责任。

"我国的非物质文化遗产保护工作已由以往的单项选择性项目保护逐步走上全国整体性、系统性的全面保护阶段。"②在历史上有着繁荣、丰厚多彩非物质文化遗产的佛山，非物质文化遗产保护工作也紧跟国家与省的战略步伐，取得了阶段性的成果。而在这个长期、浩大又复杂的文化传承系统工程中，理论建设是非物质文化

① 王文章：《非物质文化遗产概论》，教育科学出版社，2008。

② 王文章：《非物质文化遗产概论》，教育科学出版社，2008。

遗产整体保护中的重要组成部分。到目前为止，经过普查、整理、申报等诸项工作，我市已经编撰出版图文并茂、收入19项省级及以上名录的《佛山非物质文化遗产名录图典》，以及对佛山民俗归纳较全的《佛山民俗文化》，传统美术专项集《佛山剪纸》《佛山木版年画》，进入《岭南文库》丛书的通俗读本有《佛山秋色艺术》《龙舟歌》《石湾公仔》《南音》等非物质文化遗产类书籍。其知识性与普及性，无疑增强了非物质文化遗产的传播力度。鉴于我市丰富厚实的非物质文化遗产种类繁多，内容复杂，各有侧重，有跨学科、跨领域的文化特征与知识属性，我们编撰了这套《源远流长——佛山非物质文化遗产保护丛书》。单个项目独立成书，目的是对我市非物质文化遗产做进一步详尽的记载与一定的理论提升，主要对非物质文化遗产项目内容，包括历史渊源、创作及制作等行为过程、传承活动、发展现状等进行比较详尽的描述。有的项目也对它的综合性、时空性、周期性等特征进行了分析论述。这套丛书是经过更加深入的田野调查，走访项目原生地与不同年龄的传承人，运用录音、摄影、摄像等手段获得的资料编写而成的，这种真实的记录具有可信性与保存价值，在很大程度上保存了“土”味，这是一个不可或缺的环节。希望这套丛书能使人们对许多项目的真实面目及内部结构有个清晰的认知，能助力广泛营造整个社会的保护氛围，鼓励传承人群的创作灵感与传承热情，激发人们更多的文化自觉和参与意识，提高青少年热爱祖国与民族文化的精神境界。同时注重夯实理论建设中的基础部分，逐渐将理论推向深入，避免盲目性，甚至是破坏性的“保护”，最终实现凝聚传统精神、推进文化交流、促进文化产业、保存文化多元性的具体实践，让非物质文化遗产保护逐步地走向科学化、规范化、法制化、合理化的轨道。在认识中继承，在继承中利用，在利用中发展。

佛山非物质文化遗产资源极其丰厚，因此，这套丛书的形成将是一个系统工程，不可能一蹴而就，只能逐步将我市重要的非物质文化遗产项目进行专项收集、整理、汇编成册推出。目前本套丛书的作者多数是来自第一线的非物质文化遗产保护相关领域的专家和工作者，随着保护工作的深入和理论的提升，期待着有更多的学者和专家加入作者的行列。以更加平等、宽松、和谐，理论与实践相结合、学术与编辑相统一的氛围，以面向未来的视野，推进撰写、编辑和出版工作。

这种历史资源不可复制的独特性与时代文化胸怀宽广的创新紧紧联系在一起，是一个城市不可多得的软实力，是增添城市魅力的重要方式。相信这套丛书的出版，将为佛山塑造文化品格、打造文化品牌、提升城市“诗意栖居”的精神魅力，即“智慧佛山”的建设打好坚实的基础。

这套丛书的编撰，得到了广东省非物质文化遗产保护工作专家委员会吴世枫、杨明敬、苏章鸿等专家的悉心指导，得到了佛山市非物质文化遗产保护工作专家委员会的有力支持、佛山市民俗摄影家协会的热心供稿，在此一并表示深深的感谢。

尽管我们做出很大努力，但是在编撰过程中仍可能会有疏漏和错误，请广大读者批评指正。

《源远流长——佛山非物质文化遗产保护丛书》编辑委员会

2013 年 3 月

自　序

佛山通济桥是佛山的著名桥梁之一，因像绚烂的彩虹横跨洛水河道而称“村尾垂虹”。自明代始建至今，历经多次修缮和重建，长期以来都是满足佛山广大民众祛病、消灾、求财、求吉等祈福心理的重要平台。

佛山“行通济”民俗文化既没有图腾崇拜的原始积淀，又缺乏神祇信仰的隐性支撑，但它生生不息、绵延传承了400余年，主要源于其两方面的独特影响力：一是通济桥为佛山古八景之一的“村尾垂虹”，是当地的地标性建筑，是城市形象的表达符号；二是几百年来形成的“行通济，无闭翳”的传统习俗和文化心理，已经在民众潜意识里深深扎根。

佛山“行通济”习俗与中国北方、江南等地区的“走百病”“走三桥”“渡厄”“游桥”“游百病”“走桥渡厄”“走平安路”“游安”等民间习俗有异曲同工之妙，都寄托着人们追求健康、平安、幸福的美好愿望。

到目前为止，对佛山“行通济”民间习俗进行学术研究的论著还没有，仅有为数不多的学术论文进行了不同侧面的探究，如《佛山“行通济”民俗的价值探讨》[①]，作者认为通济桥是民俗的核心符号与行为媒介，“行通济”民俗具有渲染喜庆气氛、润滑人际关系、强化社会认同、发扬优质文明的价值功能；《佛山“行通济”习俗探析》[②]从“行通济”的历史渊源、民俗内涵等方面进行了有益的探索；在《略论佛山民俗“行通济”的变迁》[③]中，作者认为虽然“行通济”的社会环境发生了翻天覆地的改变，但它仍然保留了传统“行通济”的基本形式、民俗内涵，仍是一个自发、自愿的民俗活动；《佛山“行通济”民俗探析》[④]则从通济桥的前世今生、故事传说、民俗活动内容、社会效应等方面来解读佛山“行通济”民俗。另外，佛山科学技术学院的陈恩维教授正在进行“行通济”民俗调查[⑤]，准备在调查的基础上着手“通济桥与佛山社会变迁”的课题研究，笔者有幸被邀请参与其中，相信调研成果在不远的将来就能与广大读者见面。

佛山文化名人、小说家任流先生著有《行通济》[⑥]《通济传奇》[⑦]

---

① 谢中元：《佛山“行通济”民俗的价值探讨》，《佛山科学技术学院学报（社会科学版）》2010年第28卷第5期，第60—63页。

② 王海娜：《佛山“行通济”习俗探析》，广东省文博学会第六届年会暨学术研讨会论文，2010。

③ 孙丽霞：《略论佛山民俗“行通济”的变迁》，中国民俗学会成立三十周年学术研讨会暨2013年年会论文，西安，2013，暂未刊行稿。

④ 申小红：《佛山“行通济”民俗探析》，载《地方文化研究辑刊》编辑部编《地方文化研究辑刊》第4辑，巴蜀书社，2011。

⑤ 陈恩维：《广东佛山市禅城区“行通济”民俗调查报告（初稿）》，2012，暂未刊行稿，作者赠阅。

⑥ 任流：《行通济》，花城出版社，2000。

⑦ 任流：《通济传奇》，佛山市禅城区文化广电新闻出版局、佛山市戏剧家协会，2008。

《通济天下》[1]《别样精彩行通济》[2]等文学作品，其中《行通济》是长篇小说，以通济桥为平台，描写乾隆年间佛山“行通济”及通济桥附近的商人、民众与官府之间的恩怨争斗，讴歌了佛山先民的开拓精神，再现了人间的真善美。《通济天下》讲的则是以通济桥为题材的老百姓口口相传的故事，分三部分：第一部分“通济桥畔故事汇”，所有的故事都是老百姓喜闻乐见、口口相传的，其真实性有待考证；第二部分“通济桥畔众生相”属于小小说类；第三部分“通济桥畔大戏棚”是戏剧类。《通济传奇》包括传说、故事、诗词、戏剧、歌曲等。而《别样精彩行通济》属于文艺集，取材于佛山民间故事，描述了佛山历代名人、英雄豪杰，如李待问、李文茂、吴趼人、黄飞鸿、叶问、陈铁军、黄少强等，在通济桥畔留下的传奇事迹，讴歌了他们爱国爱民、正义赤诚、崇德向善的品节。

笔者已经连续 8 年亲身体验“行通济”这项民俗活动：从随波逐流到充满好奇，从慢慢了解到深深着迷，随着时间的推移渐渐萌生了写作的念头，故工作之余，经常利用节假日、周末等时间查找史料、搜集资料、走街串巷进行采访，也相继发表了相关论文。另外，从佛山市非物质文化遗产保护中心承接课题“行通济”以来，也一直在进行相关资料的搜集整理、文章的行文构思与结构安排等工作。笔者认为，如果想深刻地研究分析这项带有浓郁地方特色的民俗活动，就必须将其置于历史的大视野中进行考察，就有必要对通济桥的前世今生、历代修缮、桥与佛山家族、桥与水乡信仰、“行通济”

① 任流：《通济天下》，中国文联出版社，2009。

② 任流：《别样精彩行通济》，中国戏剧出版社，2013。

的历史渊源、历史内涵、仪式内容及禁忌、在现当代的传承与申遗等方面的情况进行梳理。

本书共分九章。第一章简要介绍中国古桥的文化内涵，桥与相关的民间习俗。第二章论述通济桥的史海钩沉，包括“行通济”习俗源地（水乡佛山）的简要介绍，通济桥的历次修建，通济桥在佛山交通体系中的位置，古诗文、碑刻中的通济桥等。第三章论述“行通济”习俗空间（通济桥场空间）的形成历程，包括通济桥与佛山官绅、家族，通济桥的附属设施的修建，桥场空间的不断完善等。第四章分三个方面来论述通济桥文化空间的构建与延伸[①]：一是佛山官绅阶层如李待问、张国维等对通济桥文化的阐释；二是佛山地方文人通过诗文对通济桥进行的文学加工；三是佛山广大民众通过口口相传的神话、故事传说等对通济桥进行的神圣构建。第五章论述佛山“行通济”习俗的渊源，包括佛山“行通济”的概况，“行通济”习俗的历史沿革，与北方、江南等地走桥习俗的对比等。第六章论述“行通济”习俗与水乡信仰，重点介绍“行通济”习俗的仪式及其禁忌，包括“行通济”习俗的表征物——吉祥三宝，“行通济”的传统禁忌，“行通济”的主要仪式等。第七章论述佛山“行通济”习俗的舛变[②]，包括习俗平台和空间的演变；参与活动的主流群体的变化；从传统社会到现代，“行通济”的仪式细节方面的

---

① 该章部分内容参阅了陈恩维《广东佛山市禅城区“行通济”民俗调查报告（初稿）》，2012，暂未刊行稿，作者赠阅，在此表示感谢，具体内容在后文中注明。

② 该章部分内容参阅了孙丽霞《略论佛山民俗“行通济”的变迁》，中国民俗学会成立30周年学术研讨会暨2013年年会论文，2013，暂未刊行稿，作者赠阅，在此表示感谢，具体内容在后文中注明。

变迁；民俗活动草根性的渐行渐远等。第八章主要论述如何处理传承与发展的关系：一是有关中国非物质文化遗产的简介；二是佛山“行通济”习俗申遗的举措、步骤与方针等。第九章是对桥与“行通济”习俗的总结。

佛山“行通济”连续几年申报国家级非物质文化遗产项目而没有获得通过，其中的原因是多方面的：

其一是“行通济”习俗的草根性。由于“行通济”民俗活动是属于民间自发的娱乐消遣活动，属于所谓的“草根文化”，一般的正史、文献、地方史料，乃至地方文人也很少记载或不屑记载此类活动，所以挖掘、搜集与“行通济”民俗活动相关的资料、图片、实物等工作困难重重，也迫在眉睫。

其二是因为史料的缺失，没有可参照对象，对其仪式的渊源、内容，即原生态方面的标准把握不到位，再加上随着社会的发展，部分传统仪式已难见其踪迹，新的内容又不断补充进来，所以任何过与不及的行为都不是原生态。

其三是缺乏一本相对比较全面介绍“行通济”民俗活动渊源、仪式内容、传承发展等方面的学术专著。

进入新世纪，随着“行通济”活动影响的不断扩大，在国家不断加大对文化事业投入的同时，地方社会如何保持地域民俗的原生态、如何传承发展民俗文化、如何引导广大民众积极参与，以满足广大民众日益增长的文化需求，是地方政府和业内人士亟需研究的课题。

鉴于此，出于对“行通济”习俗的喜爱，也愿意为“行通济”的“申遗”贡献自己的一份力量，愿“行通济”习俗早日跻身于国家级非物质文化遗产的行列，同时也希望通过本书，能对“行通济”民俗活动的研究起到抛砖引玉的作用，期待方家指正，也期待有更多、更好的研究成果面世。

申小红

目　　录

第一章　中国古桥与民间桥俗

桥不仅是一种具备实际交通功能的建筑，而且是既具美感又有人文气息的艺术品，是“合理与浪漫的巧妙结合”[①]。

古往今来，桥是人类改造自然、创造历史的见证。桥的历史，在某种程度上可以说是人类历史的缩影，体现了人类对大自然的征服，也反映出大自然对人类的回报。桥是人类创作的艺术品，是充满神奇的建筑，给大自然增添了美妙动人的旋律，呈现出特有的文化美和艺术美，是与人们日常生活息息相关的人文景观，承载着厚重的历史过去，沟通着灿烂的现代文明，寄托着美好的未来憧憬。

桥是一种对抗，是对天堑的征服，以流线型、力与美的结合来展现人类的智慧与勇气。桥是一种沟通，是对相知的渴望，是隔绝于岁月长河中的陌生人之间的交流试探。桥是一种和解，是对过去的释然，是冰封的隔阂融解之后对手间的相视一笑。桥之所以饱含无穷韵味，是因为它体现了文化的融合；桥之所以被人千古传诵，是因为它记载了历史的沧桑；桥之所以横亘无限时空，是因为它体

---

① ［英］李约瑟:《中国科学技术史》，陆学善等译，科学出版社，2003，第4卷第3册，第145页。

现了区域的风情。[①]

桥上面走不完的是人生匆忙，桥下面流不尽的是岁月沧桑。

一、中国古桥文化概述

河流是自然形态，桥梁是文化载体，一河分两岸，桥梁来沟通。“河与桥的交错，意味着更为复杂的空间与文化场所的形成”，围绕着这个错综复杂的空间和文化场所，生活在不同地域的人们“展开或发挥了丰富的想象力，进而创造了各自关于桥的民俗与文化”[②]。

桥，是人类伟大的文化创造，是历史的见证、文明的纽带、文化的载体、美与和谐的象征。

古桥文化是传统文化的一种，是以桥为载体的各种文化的展现，是人类社会实践过程中所创造的物质财富和精神财富的完美结晶，一般包括桥的“物质文化、精神文化和社会文化”[③]等方面内容。

桥的物质文化属于桥文化的物质载体，是人们通过自身的智慧、才能和创造力完成的物质形态，而且具象在桥的实用功能上。物质文化反映了桥梁建设中所展现的生产力水平和科技水平，是人类文明的客观标识。

桥的精神文化反映的是桥梁建设中的主体——人的精神世界。

---

① 王小兰主编《桥》，中国人民大学出版社，2007，第1页，第8页。

② 周星：《境界与象征——桥和民俗》，上海文艺出版社，1998，第1页。

③ 李关寿、孙家驷：《论巴蜀桥文化的风格特征》，《公路交通技术》2011年第2期，第139页。

一方面，人的思想感情、精神理念具象在桥的物质文化和精神文化中；另一方面，在精神文化中，丰富的历史文化内涵和审美功能价值，成为桥文化中最具纯粹文化意义的部分，如桥梁建造过程中所体现的顽强拼搏、自强不息的民族精神；通济利世、造福于民的民本精神和慈善情怀；勇于实践、奋发进取的创新精神；知难而进、不畏艰险的开拓精神；团结协作、万众一心的团队精神等。这些精神共同构成了桥梁建造者的精神风貌，成为他们创造奇迹、取得成就的重要支撑。

另外，桥文化中更深层的意义在于它体现了民族文化中重视沟通和联系，反对阻塞的意识。这正是社会进步和文化发展的重要条件之一，桥文化中的精神文化也具象在各种文化艺术形式之中，比如与桥梁相关的文学作品、诗歌、绘画等。

桥文化的具体内涵是丰富多彩的：在传统社会中，从政者比较在意创造桥梁的政治文化，即所谓的“为官一任，造福一方”是他们的理想，造桥修路是其重要的从政目标，而当政者亲自主持造桥是一种优秀的政治文化传统。

工艺设计师在桥梁上创造雕塑艺术，按照民俗文化的需要来设计各种装饰：承担着桥梁守护神角色的桥头石狮、各式石刻吸水兽等，桥柱上的石雕麒麟、大象、葫芦，栏板上的双龙戏麒麟、双狮戏绣球等石雕图案。设计师在不同民族传统题材的选择上，呈现了不同地域的桥饰文化特色。

宗教信仰者在桥梁上留下了宗教文化的痕迹：信徒们为修桥捐款，建成后在桥上或碑上镌刻善男信女的名字。汉族有三教同源之说，古桥中更有三教同桥的文化现象：桥梁上的莲花石刻属于佛教文化，暗八仙纹饰则属于道教文化。

另外，桥文化又有许多社会学的内涵：传统社会中，对于古桥有“文官下轿，武官下马”的规定，这是对古桥的敬畏，属于古桥的伦理文化范畴；古代桥梁经费的筹措、使用，桥梁的维修、管理，比如设关卡、驿站，建寺庙、码头，搭桥亭、戏台，起食肆、墟场等都有特定的规则和约定，这是古桥的组织管理文化；还有为铺路修桥捐款，为建桥出义务工等社会公德。

虽然桥梁属于功能性的建筑，但当它与民族振兴、时代变迁、历史交替、艺术兴盛等相联系时，就具有丰富的社会历史文化特质，桥文化不仅具有物质与精神方面的内容，而且还反映了有广泛而深刻的社会文化。桥的社会文化体现了它具有社会性的一面，主要包括桥与民俗、桥与政治、桥与经济、桥与宗教信仰、桥与地方家族等内容。

二、古桥与民间习俗

在传统社会中，上元节或元宵节前后的晚上，“走桥渡厄”的桥文化习俗，在中国的传统岁时节日里占有非常重要的位置。人们为了祈福、消灾而走桥的习俗具有地域性，更具有普遍性。

走桥，又叫“渡厄”“走三桥”“走百病”“游桥”“游百病”“走桥渡厄”“走平安路”“游安”等，地域不同，名称迥异，内容和实质却大同小异。“走桥习俗的基本目的，是祛病与渡厄。”[①]与该习俗有关的其他祈福活动，或者说有些地方从该项习俗衍生出的其他相关习俗，还有比如“摸门钉”“摸桥柱”“拣桥砖”等祈

① 周星：《境界与象征——桥和民俗》，上海文艺出版社，1998，第80页。

嗣习俗。

据周星教授的研究，走桥习俗起源甚早，或许在唐代就有之。[①]对元夕走桥习俗有明确记载的是明代刘侗、于奕正撰写的《帝京景物略》：“（正月）八日至十八日……妇女着白绫衫，队而宵行，谓无腰腿诸疾，曰走桥。至城各门，手暗触钉，谓男子祥，曰摸钉儿。”[②]而对走百病的明确记载则见于明代周用的诗《走百病行》[③]中：

都城灯市由来盛，大家小家同节令。
诸姨新妇及小姑，相约梳妆走百病。
俗言此夜鬼穴空，百病尽归尘土中。
不然今年且多病，臂枯眼暗兼头风。
踏穿街头双绣履，胜饮医方二钟水。
谁家老妇不出门，折足蹒跚曲房里。
今年走健如去年，更期明年天有缘。
蕲州艾叶一寸火，只向他人肉上然。
去年同伴今希有，几人可卜明年走。
长安主人肯居停，寂寂关门笑后生。
但愿中秋不见月，博得元宵雨打灯。

凡有桥的地方，人们三五成群结伴而过，是为渡厄，俗称“走桥”。人们在正月十五前后走桥，主要是奔着祈福、消灾、求嗣、

① 周星：《境界与象征——桥和民俗》，上海文艺出版社，1998，第80页。

② ［明］刘侗、于奕正：《帝京景物略》卷二《春场》，北京古籍出版社，1980，第66页。

③ ［明］周用：《走百病行》，见［明］刘侗、于奕正：《帝京景物略》卷二《春场》，北京古籍出版社，1980，第68页。

祛病的目的去的，佛山民众走通济桥的习俗也不例外，是北方走百病习俗在南方的另一种表现形式，或者说是与北方的习俗遥相呼应的。

在传统社会里，所谓“走百病”，有的地方也叫“走桥”：“妇女相率而行，以消疾病，曰走百病，又曰走桥”①，是指参与的群体主要以妇女、儿童为主的一种求福、避灾的集体活动，多在元宵（或正月十六夜）进行。到了明清时期，走桥或走百病习俗尤为盛行：“元宵前后，赏灯夜饮，金吾禁驰。民间击太平鼓，跳百索，妇女结伴游行，过津桥，曰：‘走百病’。”②

参与该活动的群体也因时代或地域的不同而有所区别，如以描写明代民俗风情见长的《金瓶梅》，就有对走百病习俗的描述。第二十四回《敬济元夜戏娇姿，惠祥怒詈（lì）来旺妇》中写道：元宵夜“三个妇人，带领着一簇男女，来安、画童两个小厮，打着一对纱吊灯跟随”；回来后，潘金莲等人，“走到家门首，只听见住房子的韩回子老婆韩嫂儿声唤。因他男子汉答应马房内臣，他在家跟着人走百病儿去了，醉回家来”，而陈敬济与众妇人一路嬉戏，一改在家中的长幼尊卑的肃穆气氛，“却说那陈敬济因走百病，与金莲等众妇人嘲戏了一路儿”。③由此不难看出，明代的走百病活动是非常普遍和盛行的，参与的群体中也不乏男士的身影。

走桥或走百病在民间是很讲究的，必须在特定的时间、特定的地点进行。元宵前后，或走墙边，或过桥或走郊外，目的就是祛病

① ［明］刘侗、于奕正：《帝京景物略》卷二《灯市》，北京古籍出版社，1980，第63页。

② ［清］《大兴县志》，《中国地方志民俗资料汇编》（华北卷），书目文献出版社，1989，第32页。

③ ［明］兰陵笑笑生：《金瓶梅》，齐鲁书社，2004，第136—138页。

消灾、迎吉纳福。人们普遍认为，在走桥或走百病时，还要“摸门钉”，方能求福祛疾、丁财两旺。

清代《正月十六日·走百病摸门钉》。采自王弘力《古代风俗百图》

“摸门钉”是祈求子嗣的活动，是走桥或走百病活动的重要内容之一，同时也是走桥或走百病活动的延伸。一般是妇女到寺观烧香拜神后，用手触摸庙门上的门钉，以此来祈盼家中人丁兴旺，也有摸城门钉的。该活动群体一般主要由已婚妇女组成，不管是未孕、已孕还是已育的。

在明清时期的华南特别是在广东，走桥或走百病等求嗣信仰或习俗有着自己的特色。如佛山的已婚妇女在行通济桥前会在桥头的南济观音庙中烧香拜神，闭目祷告，摘下悬挂在庙里长明灯周围的纸带。她们相信，如果摘的是白色纸带就会生男孩，红色纸带就会生女孩。

吴川县梅箓镇的已婚妇女在彩桥上摘花，据说摘到白花就会生男孩，摘到红花就会生女孩，而且人们认为在桥头买茨菇也会有“生男”功效，因为茨菇谐音“慈姑”，即广东人心目中的送子观音。

“越人祈子，必于花王父母。有祝词云：白花男，红花女。故婚夕，亲戚皆往送花，盖取诗‘花如桃李’之义。诗以桃李二物，兴男女二人，故桃夭言女也，摽梅言男也，女桃而男梅也。”[①]

另外，在广东海丰，“元夕于江干放水灯，竞拾之。得白者喜为男兆，得红者谓为女兆。或有诗云：元夕浮灯海水南，红灯女子白灯男。白灯多甚红灯少，拾取繁星满竹篮。”在广州的元宵夜，“士女多向东行祈子，以百窦灯供神，夜则祈灯取采（彩）头，凡三筹皆胜者为神许，许则持灯而返。逾岁酬灯。生子者盛为酒馔，庆社庙，谓之灯头，群称其祖父曰灯公。”[②]

在江南，人们认为祈福消灾须走过三座不同的桥，不能多也不能少，否则就会认为不灵验，达不到祛病消灾的目的。此习俗在清代顾禄的《清嘉录》里有记载：“元夕，妇女相率宵行，以却疾病。必历三桥而止，谓之‘走三桥’。”[③]

---

① ［清］屈大均：《广东新语》卷六《神语・花王父母》，中华书局，1985，第214页。
② ［清］屈大均：《广东新语》卷九《事语・拾灯》，中华书局，1985，第300—301页。
③ ［清］顾禄：《清嘉录》卷一《走三桥》，中华书局，2008，第58页。

明代陆伸《走三桥》[①]诗云：

细娘分付后庭鸡，
不到天明莫浪啼。
走遍三桥灯已落，
却嫌罗袜污春泥。

明清时期的上海，由于桥少，正月十五人们纷纷去走望云桥，因其有三个桥洞，人们从桥上走过，也就如同走过了三座桥。

明清时期的华南地区，还有“桥梁节”，有的地方也有走三桥的习俗。如广东吴川县梅箓镇正月十五的“桥梁节”，走桥的人们纷纷到桥下洗手，因为他们相信能洗掉一年来的不如意和晦气，同时也希望在新的一年里能交上好运。旧时的潮汕地区在正月十五也有走三桥的习俗，人们提着灯笼行走于各桥之间以祈求好运，而旧时的佛山广大民众在元宵节前后有走通济桥的习俗，也是祈盼来年祛病消灾，达到“无闭翳”的目的。

“一桥飞架南北，天堑变通途。”[②]桥梁是人们征服自然的一种伟大创举，是衡量人类文明进步的标志之一，更是人们改造自然的一种文化创造。于是，在桥梁及其附近的区域便呈现出许多具有浓郁地域特色的民俗文化现象，佛山的通济桥及随之衍生而来的“行通济”民俗文化现象就是如此。

① ［清］顾禄：《清嘉录》卷一《走三桥》，中华书局，2008，第 58 页。

② 毛泽东：《水调歌头·游泳》，载《毛主席诗词十九首》，文物出版社，1958，第 11 页。

第二章　通济桥的史海钩沉

在对习俗平台“通济桥”的史料进行梳理之前，有必要先了解一下水乡佛山。

一、“行通济”习俗源地——水乡佛山

春秋战国时期，佛山属于百越。

秦、汉时期，现禅城、顺德、南海、三水属南海郡番禺县；高明属高要县。

晋代，禅城称“季华乡”。

隋开皇十年（590年），从番禺县分置南海县，因旧置南海郡而得名。

唐贞观二年（628年），季华乡称“佛山”，意为“佛家之山”，简称“禅”。

五代十国时佛山禅城、顺德属咸宁县，宋初重新并入南海县。

明景泰三年（1452年），因佛山民众打败黄萧养农民起义军，朝廷敕封佛山为“忠义乡”，隶属南海县。同年，置顺德县，意为“顺天之德”。明成化十一年（1475年）置高明县，因原有高明巡检司而得名。清嘉庆二十四年（1819年）置三水县，意为“北江、西江、绥江三水合流”。

民国时期，佛山曾先后设佛山镇、佛山市、佛山镇。中华人民

共和国成立后，1949 年 10 月 19 日，高明县全境解放，高明县人民政府由合水移至明城。10 月 29 日，佛山军管会成立，并接管南海县；顺德县、三水县、高明县也分别由中国人民解放军实施军事管制。10 月 31 日，佛山市人民政府成立。

1950 年 2 月 15 日，成立三水县人民政府。3 月 1 日，成立南海县人民政府。3 月 20 日，成立顺德县人民政府。7 月 1 日，佛山改市为镇，归南海县管辖。

1951 年 6 月 26 日，佛山改镇为市。

1954 年 6 月，中共粤中区党委、粤中行署由江门市迁入佛山市大福路 10 号。粤中行署辖 24 县（中山、顺德、南海、三水、番禺、东莞、宝安、增城、博罗、龙门、珠海、新会、高明、鹤山、封开、怀集、高要、广宁、四会、新兴、罗定、云浮、郁南、德庆），1 市（石岐）和 2 省辖市（佛山、江门）。

1956 年 2 月，成立中共佛山地委、佛山专区，辖 13 县（中山、珠海、番禺、顺德、南海、三水、新会、鹤山、高明、台山、开平、恩平、花县），1 市（石岐）和 2 省辖市（佛山、江门）。

1958 年，佛山、江门改为县级市，由佛山专区领导。

1966 年，佛山市升为地级市，由广东省、佛山专区双重领导。

1970 年，佛山专区更名为佛山地区，佛山、江门改为县级市。佛山地区辖南海、顺德、三水、高鹤、台山、恩平、番禺、中山、珠海、新会、开平、斗门 12 县和佛山、江门 2 市。

1983 年 6 月 1 日，撤销佛山地区建制，实行市领导县体制。佛山市辖中山、南海、顺德、高明、三水 5 县。

1984 年 6 月，佛山市辖汾江区（1986 年易名为城区）、石湾区、南海、顺德、高明、三水县，代管中山市。

1992—1994年，顺德、南海、三水、高明先后撤县设市（县级），由佛山代管。

2002年12月，佛山市辖禅城（含城区、石湾、南庄）、顺德、南海、三水、高明5区。

佛山市位于广东省中部，地处珠江三角洲腹地，东倚广州，南邻港澳，地理位置优越，气候温和，雨量充沛，四季如春，属亚热带季风气候；珠江水系中的西江、北江及其支流贯穿佛山全境，水网密布，河道纵横，属典型的三角洲河网地区。

佛山市是广东省第三大城市，中国古代的四大名镇和“天下四大聚”之一，简称“禅”，是一座历史悠久的文化名城。这里是黄飞鸿、叶问、李小龙的故乡，是珠三角的经济重地，一座荣耀千年的商贸名城，用生生不息的陶都圣火锻造出“敢为人先，崇文务实”精神的城市。

佛山“肇迹于晋，得名于唐”，传承历史悠久，文化底蕴深厚，是国家历史文化名城。根据出土文物及资料[①]显示，佛山的历史起源于现禅城区澜石街道区域，距今4500—5500年前，百越先民沿西江、北江来此繁衍生息，以渔业、耕作和制陶等开创原始文明。

唐贞观二年（628年），乡民在城内塔坡岗上挖掘出三尊佛像和碑碣，其碑碣：

---

① 韩康信、潘其风：《广东佛山河宕新石器晚期墓葬人骨》，《人类学学报》1982年第一卷第1期；相关信息散见：广东省博物馆：《广东三水市银州贝丘遗址发掘简报》，《考古》2000年第6期；《广东南海县灶岗贝丘遗址发掘简报》，《考古》1984年第3期；《广东南海县西樵山遗址》，《考古》1983年第12期。

上联：胜地聚开一千年前青山我是佛

下联：莲花极顶五百年后说法起何人

横额：塔坡寺佛

佛山乡民认为此地是佛家之地，遂立石榜改季华乡为“佛山”。[①]唐宋时期，佛山的手工业、商业和文化已十分繁荣：“乡（按：即今佛山，晋代称季华乡，明代称忠义乡）之成聚，则肇于汴宋。”[②]明清时期，佛山以陶瓷、纺织、铸造、医药四大行业鼎盛于南国，崛起为商贾云集、工商发达的岭南巨镇，与河南朱仙镇、江西景德镇、湖北汉口镇，并称“天下四大镇”[③]，又与京师、汉口、苏州，并称“天下四大聚”：“北则京师，南则佛山，东则苏州，西则汉口。”[④]清末，佛山得风气之先，成为我国近代民族工业的发源地之一，先后诞生了中国第一家新式缫丝厂和第一家火柴厂，并建立了“南洋兄弟烟草公司竹嘴厂”。

佛山市现辖禅城、南海、顺德、高明和三水 5 个区，总面积 3797.72 平方千米，常住人口 700 多万，其中户籍人口逾 400 万。佛山又是著名的侨乡，祖籍佛山的华侨和港澳台同胞多达 140 万人，其中港澳同胞有 80 多万人。

如蛛网般密布的大小河流，交错于珠江三角洲平原之中，而水

① 佛山市地方志编纂委员会：《佛山市志》，广东人民出版社，1994，第 165 页。

② ［清］陈炎宗：《乾隆·佛山忠义乡志》卷一《忠义乡说》，第 23 页，《佛山镇论》第 24 页，佛山市博物馆藏线装书，出版者暂无定论，以下未注明出版者的地方志均是，恕不一一赘述。

③ ［民国］冼宝干：《民国·佛山忠义乡志》卷首之二，第 9 页。

④ ［清］刘献廷：《广阳杂记》卷四，中华书局，1957，第 193 页。

乡佛山就位于这个河网纵横的平原中央。佛山境内有 2800 多条河涌，总长度超过 5000 千米。水不仅塑造了佛山的城市形态，也影响了佛山人的生活性格。因为水，佛山有了桑基鱼塘农业，因为水，佛山有了悠久的龙舟文化，因为水，佛山有了四通八达的交通条件，也因为水，佛山自明清以来就取得了辉煌的经济成就。

整合后的佛山，各种资源合理优化配置，外源型经济发展壮大，金融创新成为发展新动力，现代民营经济引领潮流，现代新型农业精细发展，现代制造产业加快提速，现代服务业亮点纷呈，人才队伍蓬勃发展，自主创新成就“佛山制造”。

近年来，佛山经济迅猛发展，先后被评为全国城市综合实力 50 强、经济社会发展水平前 10 名、投资硬件环境 40 优和全国率先达到小康水平的 36 个城市之一，并获得国家历史文化名城、国家卫生城市和“双拥”模范城市等称号。

步入新世纪的佛山，有水乡的荣誉，也有水乡的优势，整个佛山都在围绕水做文章：佛山东平新城（东平河畔）、顺德新城（德胜河畔）、高明新城（西江江畔）、三水新城（北江江畔）、南海三山新城（千灯湖畔）一个个破茧而出、纷纷上马，一场追赶城市化的“造城运动”正在蓬勃兴起。一方水土养育一方人，一方人更有责任去保护一方水土，捍卫水乡佛山的美丽与尊严。

二、通济桥在佛山交通体系中的位置

桥是体现不同时期人们价值观的符号体系，政治、经济、文化等社会事象通过这一符号意义历代相传，并成为城乡之间，民众、士绅、官员之间互为沟通的一套解释话语，“人们通过桥缔结关系，形成人与自然、人与人、人与超自然之间的社会秩序”[①]。

桥梁建设跨越了自然障碍而使交通畅达，而交通畅达带来了经济的快速发展，提高了社会生产力，从而促进一个城市、国家的繁荣昌盛，有利于国家和基层社会的和谐与稳定。

佛山地处珠江三角洲中部河网区，西江、北江水网发达，河流纵横交错成网。境内共有河流 21 条，拥有超过 650 千米的河岸线，水域面积达 350 平方千米。主要河流包括西江、北江、高明河、芦苞涌、西南涌、吉利涌、陈村水道、甘竹溪、顺德支流、容桂水道、沧江河等。

古桥是构成水乡的重要因素，也是水乡形成的重要见证。

通济桥原名“南济”。“通济桥号南济”，顺治年间，僧人圆朗将桥头供奉观音菩萨的白衣庵也改成了“南济庙”。[②] 横跨洛水的通济桥，北连金鱼街，位于佛山古镇的西南面，为古镇的西南门户。佛山境内河网纵横，大大小小的桥梁就如同一颗颗璀璨的明珠，点缀着如诗如画的水乡。

“南海县桥二十九……通济桥（在佛山堡）。”[③]“新涌在黄鼎张槎堡，引流委折而入，直达胜门桥、通济桥，东南抵海旁注简村、弼唐诸乡。”[④] 原水路通往大沙、弼塘、简村、奇槎等乡，佛山洛水涌即源于此；陆路通大沥、深村、石头、潘村等地，所以，通济桥是佛山历史上的主要桥梁之一。

---

① 钱晶晶：《桥：地方社会脉络下的文化符号》，《广西民族大学学报（哲学社会科学版）》，2009 年第 3 期，第 31 页。

② ［民国］冼宝干：《民国·佛山忠义乡志》卷八《祠祀二·群庙》，第 13 页。

③ ［明］黄佐：《广州志》残本卷三十一《关梁》，第 411 页。

④ ［清］吴荣光：《道光·佛山忠义乡志》卷一《乡域志·山川》，第 7 页。

清代乾隆年间，朱相朋在《建茶亭记》中写道："佛山，东南一巨镇也。其西北一带，上溯浈水，可抵神京，通陕洛以及荆吴诸省。四方之来游者，日以万计，然皆以舟舶泊岸，不少劳余力也。独南路通济桥为镇后门户，当南顺新三邑要冲，来市于禅者，皆道经于此。"① 第一句话概括了佛山在广东以至全国交通体系中的地理位置，后一句话则点明了通济桥在佛山交通体系中的地理位置。

佛山水乡的交通向来就有"外河内涌"的说法。外河指汾江，西、北、绥江在三水思贤窖合流后，在佛山沙口一分为二，其北部支流为汾江，其南部支流即东平河。这两大支流中间形成的冲击平原上，分布着大大小小的数十个分散的冲积平原，佛山只是其中之一。这些冲积平原之间的联系，除舟舫外，主要依赖于纵横交错如蛛网般的河涌上的桥梁。佛山境内的主要河涌为洛水、汾水，在佛山版图中，洛水北起都司署左孖窦新涌口，与北面的汾水相连，南至通济桥，又自通济桥逶迤向东，经栅下涌至石角围又与北面的汾水贯通，形如圆环，构成了佛山的环状护城河，将佛山二十四铺紧紧环绕。通济桥原是一座拱形的桥梁，每当夕阳斜照，桥影倒映于水中，如雨后的彩虹，荡漾于碧波之中，古人叹为奇观，遂将其列为"佛山八景"之一，名曰"村尾垂虹"。清人在桥旁的牌坊石柱上刻上对联（2001 年重建后的通济桥牌坊正面左、右廊柱上重刻了此对联），以形容如画之美景：

上联：通七堡之游行，逸客寻春，任得渡头饮马

下联：济万人之往来，曲桥跨水，艳称村尾垂虹

① ［清］陈炎宗：《乾隆·佛山忠义乡志》卷十《艺文志》，第 62—63 页。

明代始建木桥，具体年代未见载于史志，曾先后于明嘉靖三十八年（1559 年）、隆庆二年（1568 年）、万历九年（1581 年）修缮，后因木桥朽腐致毁。明代天启五年（1625 年）八月由乡人李征问、李待问兄弟捐资、募资而重建石木三孔拱桥。桥面用潭州红石铺砌，桥中以巨石为柱，并筑亭于桥畔，供行人歇息。天启六年（1626 年）二月竣工，取名“通济桥”，取其“必通而后有济也”之意。清顺治十二年（1655 年），僧人圆朗曾募资修缮。至中华人民共和国成立前历经数百年，曾多次由民众捐资修缮，并增建牌坊等配套设施。正面牌额有“通济古迹”牌匾，据居住在通济桥畔的老人讲，桥被拆毁后，该匾就被埋在通济桥畔大榕树附近的地底下。牌坊正脊有“八仙过海”陶塑人物，题额正面书“通济”二字，额画是一幅“梢公撑渡图”，题额背面书“胜境”二字，额画是一幅“柳堤春晓图”，牌坊背面左右廊柱上有一副对联：

上联：通运贯千秋，启泰群黎兴百业
下联：济祠连广宇，匡同社稷共升平

清代的佛山镇为洛水所环绕，沿河共有 20 多座桥梁，几乎家家尽枕河，居民往来，悉凭渡船和桥梁。众多桥梁使得“天堑变通途”，成为城与乡、街与市的重要通道，与人们的生产、生活息息相关，也是沟通佛山经济、文化的重要“桥梁”。有关这些桥的文化活动渐渐发展成为一些习俗，通济桥身处佛山西南面出口，是沟通城乡的必由之路，佛山广大民众走通济桥的风俗则是这种桥文化的缩影。

自明代、清代至民国，历代倡修、捐修通济桥的工程竣工后，在通济桥及其附近区域，还陆续修建了南济观音庙、通济寺、通济庵、关帝庙以及宝贤社、通运社、保安社、保丰社4个土地社，众多的家庙、祠堂，以及休息场所——茶亭。桥边风景迷人，桥岸茶亭成了过往行人休息、落脚之处，也是乡民聚会、订立乡规族约的地方。

民国初年，通济桥附近河道淤塞，已极少有人往来。中华人民共和国成立后，佛山马路多次扩建，通济桥下的河涌被改为暗沟，桥面被改为大马路，这一带再也找不到“桥”的痕迹了。

随着民间民俗活动的兴起和广大民众不断增长的文化需求，再加上国家对地方民俗文化活动的引导和保护，进入新世纪之初，佛山市政府顺应时代要求，也为了满足佛山广大民众的祈福心理，在原址附近重建了通济桥。

新建成的通济桥长32米，宽9.9米。桥两端的抱鼓石，以祥云和蝙蝠衬托风车，凸显出通济桥民俗的象征物——风车。桥身上雕刻着相传八仙过海时所执的神器，寓意吉祥，切合市民过桥时祈求消灾、寻求平安的美好祝愿。桥柱的上部，用大象的头“拱”出一个果篮，里面有南瓜、仙桃，取意“象抱太平”。古代的通济桥，桥头石级共9级，桥尾13级，寓意“九出十三归”。此寓意如今也在新桥上得到体现：以防滑条取代台阶，在桥的北端安置9条，在桥的南端安置13条。这不仅满足了人们过桥祈福、求财的心理，同时也提高了广大民众过桥的安全系数。通济桥下面的水体面积近2000平方米，里面放养了很多观赏鱼：“金鳞惯爱初斜日，玉乳长涵太古天。投饵聚时霞作尾，避人深处月初弦。还将吾乐同鱼乐，三复庄生濠上篇”①，并设立了亲水台阶、知鱼轩、乐鱼亭，取“鱼乐人亦乐，泉清心共清”②之意。

重建后的通济桥虽不复见舟舫如织，但斜阳映桥如虹的美景依旧，“行通济”习俗依然。

通济桥广场以通济桥、闸门楼（即牌坊楼）及南北两个广场为主轴线，再配以桥下水体、周边绿化，形成一个7300平方米的公园。闸门楼的主体用青砖砌成，两边配拱形门洞。闸门的屋脊采用石湾公仔图案，表现佛山美术陶瓷的魅力，画面中勾画出古代通济桥兴旺发达的情景，里面有财神、舞狮、卖风车等。而公仔图两边分别有一条龙和凤，寓意“龙凤呈祥”。闸门楼公仔屋下面，是灰雕图《蝙蝠踩双钱》，用“福”“钱”寓意“富贵双全”。

通济桥牌坊。2013 年拍摄

① 徐飞、顾炳鑫：《西湖民间故事：玉泉》之《前言》，上海人民美术出版社，2010。

② 这是现在杭州植物园内玉泉池亭柱上的楹联，相传为宋代人题写。明代著名诗人、书画家董其昌又题写了“鱼乐园”匾额，至今还高悬于池畔的亭廊之上。见徐飞、顾炳鑫：《西湖民间故事：玉泉》之《前言》，上海人民美术出版社，2010。

三、古诗文里的通济桥——“村尾垂虹”

明清时期，佛山洛水河两岸竹木摇曳，河中舟舫如织，通济桥上行人络绎不绝，斜阳映照，桥影倒映水面如虹，美不胜收，古人遂美其名曰“村尾垂虹”，并将其列入当时的“佛山八景”之中。佛山地方志里有记载：“村尾垂虹即通济桥。”① 地方志中也留下了古人对这一美景进行赞美的诗篇：

村尾垂虹②

潘学元

村尾遥分一水通，长桥稳驾接西东。
天边才委衔山照，村外旋垂饮涧虹。
日影波光连断处，云情雨意有无中。
任教五色江郎笔，多恐描来未尽工。

村尾垂虹③

梁序镛

红桥雁齿客扶藜，遥认长虹饮涧低。
碧水涨时晴雨歇，画船通处夕阳迷。
凌云才子应题柱，入月神仙或化梯。
凭语郊居原有赋，逢人休误是雌霓。

---

① ［民国］冼宝干：《民国·佛山忠义乡志》卷十《风土二·名胜之福山（即佛山）八景》，第 11 页。

② ［清］吴荣光：《道光·佛山忠义乡志》卷十一《艺文下·七言律》，第 39 页。

③ ［清］吴荣光：《道光·佛山忠义乡志》卷十一《艺文下·七言律》，第 40 页。

村尾垂虹[①]

廖卓然

老蛟吹浪势凌空，鞭石谁成利涉功。
乍见江头横匹练，旋看村尾挂长虹。
烟云北望三水合，舟楫南来五岭通。
借问何人题柱去，夕阳流水自匆匆。

村尾垂虹[②]

梁彰世

朝隮西暮隮东，疎（shū）林缺处露长虹。
虬形断续烟迷岸，霞彩翻腾水拍空。
沽酒客归残雨后，浣纱人话夕阳中。
花汀倚棹频回望，村北村南一道红。

“佛山八景”全图之一：《村尾垂虹》。采自《道光·佛山忠义乡志》

① ［清］吴荣光：《道光·佛山忠义乡志》卷十一《艺文下·七言律》，第 41 页。另见：冼宝干《民国·佛山忠义乡志》卷十《风土二·名胜》，第 13 页。作者名字变成了“唐卓然”，疑笔误。

② ［清］吴荣光：《道光·佛山忠义乡志》卷十一《艺文下·七言律》，第 41 页。

村尾垂虹[①]

吴伫（zhù）

万里路迢遥，所喜在通济。
游踪不暂停，共藉长虹势。
行尽落花村，转眼惊新霁。
谁家挂酒帘，正宜此点缀。
隔岸扣禅关，正凭此维系。
彩缠杖履过，气吞舟楫逝。
常同玉蝀（dōng）垂，恰漾縠纹细。
清溪返照时，孤亭月明际。
倒影现玲珑，幽赏空尘世。
回思题柱人，壮志媿（kuì）难继。
佳气羡饮波，遣怀聊一憩。

佛山四时杂记[②]

孙锡慧

烛花火萼缀琼枝，一派笙歌彻夜迟。
通济桥边灯市好，年年欢赏起头时。

---

① ［清］吴荣光《道光·佛山忠义乡志》卷十一《艺文下·古今体诗》，第19页。

② ［清］陈炎宗：《乾隆·佛山忠义乡志》卷十一《艺文志·佛山四时杂记》，第31页。

四、碑刻里的通济桥

（一）《修通济桥纪略》①

［明］李待问

余乡通济桥，莫详其所自始。夷稽厥道，水通大沙、弼堂、简村、石𥔲、奇槎诸乡。陆通魁冈、大江、深村、石头、石湾、黎涌、潘村、麦村诸乡。其称名固当，盖诸乡以佛山为大都会，桥，其要津也。

代修代圮（pǐ，毁坏），记其近者：嘉靖三十八年，深村堡霍观察勉斋修，以飓风毁。隆庆二年，观察之伯霍隆修，又复毁。万历九年，邑令葵东周公修，柱架焕然更新，可通舆马焉。比于创矣，今才五十年而毁尽。不肖（按：李待问自谦，下同）少年，周道上塚业，不胜飘摇之色。迨持服归来，跋江干，所见惟孤椽零丁，蠹(dù）穿啄剥，几不可措。往者来者，遉（zhēn，同“侦”）潮涸搴（qiān，同“褰”，撩起）裳以涉，心甚念之。一日与建衷季兄语，兄曰：余抱此愿久矣，余将罄力焉，弟其为我共此。不肖曰：甚幸！持钵陋也，敛箕扰也。

昔人捐百什以惠浮屠氏，无宁捐此？惟是经营度量，工无窳（yǔ，粗劣）、材无伪，而后贻厥永为。吾兄能也，并无以烦里旅。兄曰：余不惮费，敢惮力！因谋诸父老，曰：易故而新，其结楹也，木与石孰便？父老曰：木石之相去远矣，特苦费耳。既任厥费，盍易诸？不肖曰：非也，盍策其便者。兹桥会上游诸乡之水，建瓴而下，水溢固自有时，万一茫茫巨浸，谓桥石实壅然，谁执其咎？父老曰：若等之熟矣，以诸乡之壑易吾一桥之安，吾弗助子，子其无

① ［清］陈炎宗：《乾隆·佛山忠义乡志》卷十《艺文志》，第36—38页。

惑？不肖曰：甚幸！卜筑有日矣。

弼堂、大沙诸乡以墩石壅水来告，相踵于道。于是吾乡父老日有难色。言者曰：盈盈衣带水，环诸乡而放于海，恃通济为疏瀹（yuè，疏通河水）之门。下弥狭，上将弥壅，百万其鱼矣。桥以称济也，奈何称厉？向之年固木楹也，从木便。难之曰：遡吾乡而上，滨于水者，以弼堂为大，弼堂之为桥，约略自在也，两岸束以巨石，空梁以行，才可十五尺。吾桥空视之不啻宽矣。即结石而捍于中流，不及桥空三之五。

诸乡倚涌带为利，墟者场者，与夫延潴而耕者，日越夫故畔焉，而天行故无恙也。使狭足以障流，请廓其甚狭者无以问吾桥。举大事当计久远，奈何委巨材于阳侯。幸诸岁月，从石便。如是筑舍者逾月，莫适所主。已而乃用木石参半之说，盖两利而并存焉。诸乡乃帖然无异议，而乡父老犹呶呶焉。谓予实迁就毕局，非策也。经始于天启五年八月二十八日，以六年二月二十二日讫工。界桥为七楹，从旷制也。中植巨木为柱，磐以蹲鸱（chī）鸥，凡三楹，以叠石而达于榷（cuī）流之上，下如末锐杀其啮，益以固岸之石，棉亘而洞其中焉。凡四楹，其长一百二十尺，墩广九尺有咫，木梁五尺有咫，东岸构亭而覆之，缭以周垣，凡两楹，长三十尺，广十五尺。

一以息民役，一以建贞珉，而乡约聚会咸丽焉。盖以价贸诸梁氏者，阖费縻三百二十有五缗。其石取诸潭州，盖驰檄以命工，垂署邑玉笥张使君所惠也，余则季兄及余共肩成事，以迄于落。噫！家季兄剔历丞簿，间以廉谨闻，资产仅逮中人，而罄所有，为德无倦色。此特举其一耳。顷麦村等乡日持酒食为劳具，以见乎义之笃如此。桥既成，追维率作劝相之始，繄（yī，惟）使君之德不敢忘，乞言志诸有永，备述梗概以闻，并以告夫后之有事于斯者，并中楹而石之，可长无圮患已。

天启五年八月经始，六年二月讫工。里人李待问

（二）《通济桥记》[①]

［明］张国维

粤故泽国也，职方以粤为尾闾，而西北两江为近。北自陵江度浈水，西发源黔。浈经万度、羚羊，会北于黄木，建瓴南下，稍折而西，由大帽放于海，其东折支流不可数，一径于佛山诸乡汇焉，通济桥所由作也。

乡父老为余言，岁甲寅西潦作，丙辰则北江决防，坏墙屋，则墟里为鱼。假令桥在，不以此时圮耶？语曰：近川者浸，扼衡流而桥，故自苦不桥，又病涉炎海，戍夫无水可度蓝关，仙客有马不前，余代庖南武不获，以余闲缮濒水修途，窃自愧，而中丞李公以栗里故，偕兄司幕君慨然树不拔之基，捐橐（tuó）金，不烦里旅，不爱省试，勤渠。时里中议伐木者难石议，垒石者难木，几为道旁舍。

公谓桥以通济名，必通而后有济也，遂用木石参半之说，经始于天启五年八月，落于六年二月，计工余半朞（qī，同“期”），桥长百二十尺，凡七楹蹲鸱（chī）。三桥之外更亭之，以休行者，岁时讲约好会亦于是焉。在向常修于观察霍公与瑕，继新于邑令葵东周公（即周文卿）。然未若今壮而备也，凡縻金三百二十五缗，皆司幕君任之，而中丞公佐之以底，于成厥功伟矣哉，抑予因是而

① 《康熙·南海县志》卷十五《艺文志》，书目文献出版社，1992，第312—313页。

知政焉。

记曰：善沟者水漱之，善防者水淫之。漱则为川，淫则为防，下令如流水之源，不涸不波，可饮可溉，覃（tán，深）耕凿而不知，盖取诸川，圮滥则无经不由道，则泛滥。故君子受之畜（通“蓄”，下同），自好者以畜其德，忠谏者以畜其君，长人者以畜其民，此物此志也，盖取诸防，而且上不病壅，下不病壑，置尊中衢高下斟酌焉，盖取诸通，翟宗鲁（1489—1562年，惠州人）临河负脰（dòu，颈）痟（yuān，酸痛）者。

子产以乘舆渡溱洧（wěi），岂其市德？置宝筏于迷津，济众生于彼岸，盖取诸济川以行仁，防以正义，通以亨屯，济以拯溺，修此四者，故全也。抑更因是知中丞公焉，桥圮数十年，公一朝修复，明作之效，已自章章。今天下敝起，因循多至，不可收拾，通公明作于天下，何蛊不干？坚石因其岸邦家基也，巨材壮其趾，栋梁任也。犬牙相函，鱼鳞密次，权衡事也。一木所干，万钧为轻，踊若戴鳌，矗如岳压，望之若垂长虹跨紫虚，履之若从明河，趋阁道，掩天纮，转坤轴，手也。

善建不拔，闻诸老子，予请以方中丞公于是乡，父老闻而歌曰：周道如砥，垂虹而伟于万斯年，率由道揆公亦执爵而落。曰：汤汤中流，可方可舟，百年有作，虽休勿休，于戏功伟矣。客顾谓伐石潭州，予差有力焉。余小子碌碌，所谓因人成事者也。贪天之功予则何敢？公名待问号葵孺，登万历甲辰进士，见任巡抚，应天都御史司幕名征问号毓劬（qú），原任直隶镇江府经历，俱本里人，并书于石。

天启五年八月经始，六年二月讫工。东阳张国维撰

五、现代诗、书中的通济桥

（一）《通济桥恋曲》[①]

庞建民先生创作，是历史与现代的对话，是繁华与思念的概括。

寻不见如织的艇舫，闻不到南济庙、通云社久远的芬芳，梦中的“村尾垂虹”啊，饮马渡头今安在？

日子被一页页撕掉，古老的传说可会随船板一起腐烂？用四个世纪伸过来的手，却无法触摸你远去的跫音。

索性铺一片月色，举一把虔诚，拎一把希冀，来回旋转的清风怎不叫人欢腾，让红绳下的思念抽出可意的新绿。

摸一摸青砖拱洞，踩一踩苍老的门槛，亲一亲刻满祥云和蝙蝠的抱鼓石。

看——那一朵朵笑，在夜空下绽开，川流不息的人群拥挤成一种永恒的风景。

听——“引财归家啰”，少女美丽的声音在回荡，丰美了禅城的晚钟。仿佛聆听到古老而美好的召唤与抒情，我一头栽进了这南国多情的夜色，不可自拔。

何必再苦苦追寻如潮的往事？

不如折一叶轻舟，遨游在任流先生的目光中，去捡拾那没有受凉的记忆。

今夜，又注定是一个万人空巷的日子，没有成行，思念已开始疯长。

思念是满眼的风车、满池的生菜，

思念是不绝如缕的祝福、祈祷，

① 庞建民：《通济桥恋曲》，佛山市图书馆编《佛图通讯》2005年第2期，第17—18页。

思念是引财行善的新风，
思念是“狂欢节”的异想，
思念是永远屹立于佛山人心中的圣桥。

（二）《行通济》①《通济传奇》②《通济天下》③《别样精彩行通济》④

任流先生的作品，均是文学艺术类，雅俗共赏。

其中《行通济》是长篇小说，以通济桥为环境背景，描写乾隆年间佛山“行通济”的盛况，地方官府与通济桥附近的商人互相勾结、鱼肉百姓，通济桥畔广大民众之间互帮互助的故事，讴歌了佛山先民的开拓精神，再现了人间的真善美。

《通济天下》分三部分：第一部分“通济桥畔故事汇”和第二部分“通济桥畔众生相”属于小小说类，记述民间口口相传的发生在通济桥畔的故事及各阶层人物，第三部分“通济桥畔大戏棚”是戏剧类。

《通济传奇》包括与通济桥有关的一系列传说、故事、诗词、戏剧、歌曲等。

《别样精彩行通济》是任流先生的又一部通济系列文艺集，也是取材于佛山本土民间故事，描述了佛山历代名人、英雄豪杰，如李待问、李文茂、吴趼人、黄飞鸿、叶问、陈铁军、黄少强等在通济桥畔留下的传奇故事，讴歌了他们爱国爱民、正义赤诚、崇德向

---

① 任流：《行通济》，花城出版社，2000。

② 任流：《通济传奇》，佛山市禅城区文化广电新闻出版局、佛山市戏剧家协会，2008。

③ 任流：《通济天下》，中国文联出版社，2009。

④ 任流：《别样精彩行通济》，中国戏剧出版社，2013。

善的品节。

六、通济桥的历代捐修、倡修

通济桥始修于何时，已不可确考，但通济桥的修缮，一般认为可分为四个阶段[①]：

第一阶段：明嘉靖三十八年（1559年）到明万历九年（1851年）。当时修桥只是为了取代渡口，供过往行人通行而已。桥是木质的，质量不是很好，几乎是每十年就需要修缮一次，在地方志中的记载如下：

"乡通济桥就圮，公[即李征问，字毓劬（qú）]毅然饬新，不肖（李待问自谦）协之，共费三百余金。今隆然利往来也。"[②]

"通济桥在桥亭铺，明天启六年丙寅建，嘉靖三十八年己未修，隆庆二年戊辰重修，万历九年辛巳重修，国朝嘉庆十二年丁卯重修。"[③]

"嘉靖三十八年己未修通济桥，深村堡进士霍与瑕捐修。"[④]

"隆庆二年戊辰重修通济桥，深村堡霍隆捐修，隆即（霍）与瑕世父。"[⑤]

"万历九年辛巳修通济桥，知县周文卿捐赀倡修。"[⑥]

第二阶段：明天启六年到1945年。桥的材质经历了木头到木

---

① 陈恩维：《广东佛山市禅城区"行通济"民俗调查报告（初稿）》，2012，暂未刊行稿，作者赠阅，在此表示感谢。

② 《李氏族谱》卷五《世德记·毓劬公传》，第35页。

③ [清]吴荣光：《道光·佛山忠义乡志》卷一《乡域志·桥梁》，第30页。

④ [清]陈炎宗：《乾隆·佛山忠义乡志》卷三《乡事志·纪略》，第3页。

⑤ [清]陈炎宗：《乾隆·佛山忠义乡志》卷三《乡事志·纪略》，第3页。

⑥ [清]陈炎宗：《乾隆·佛山忠义乡志》卷三《乡事志·纪略》，第3页。

石参半到石拱桥的过程，通行能力达到“可通舆马”，提升了通济桥的交通地位。另外，还修建了一些通济桥的附属设施如且住亭、茶亭等，供来往民众歇脚、休息。

“天启六年丙寅修通济桥，建亭于左畔，经历李征问同弟总漕待问捐修。”①

“国朝世祖章皇帝顺治十二年修通济桥，尽易以石，僧圆朗募修，有记。”②

“桥为诸乡津要，屡修屡圮，最后易以石，始巩固矣。”③

“道光二十年庚子，建且住亭于同济桥之南，吴弥光捐筑，载慈善志。”④

“同治九年庚午，修复村尾茶亭，戴其芬有序。”⑤

第三阶段：1958—1982 年。这一阶段，由于“破四旧”等运动的兴起，通济桥先后被改造为混凝土、钢筋混凝土结构的公路桥，通行能力大大增强，但是改造过程中完全忽略了桥的文物价值和文化内涵。古桥结构遭到了彻底的破坏：桥亭被拆毁，石碑被掩埋，石板被移用，古桥风貌荡然无存。

第四阶段：21 世纪初。为满足广大民众日益增长的文化需求，佛山市委、市政府决定，由华南理工大学建筑系设计、实施重建规划。这次设计，考虑到通济桥传统的交通功能已经萎缩的现实，将其再造成了传统民俗活动、观光休闲和文化活动的场所，使通济桥的传统风貌得到了一定程度的恢复和再现，并成为佛山市独具地方特色的人文景观。通济桥的此次修复，为“行通济”习俗提供了一

① ［清］陈炎宗：《乾隆·佛山忠义乡志》卷三《乡事志·纪略》，第 5 页。

② ［清］陈炎宗：《乾隆·佛山忠义乡志》卷三《乡事志·纪略》，第 7 页。

③ ［清］陈炎宗：《乾隆·佛山忠义乡志》卷三《乡事志·桥梁》，第 17 页。

④ ［民国］冼宝干《民国·佛山忠义乡志》卷十一《乡事·编年》，第 14 页。

⑤ ［民国］冼宝干《民国·佛山忠义乡志》卷十一《乡事·编年》，第 17 页。

个展示平台，同时也逐步构建和恢复了文化传承的空间，为“行通济”的民间习俗在当代的复兴做了物质上的准备。

附：

佛山通济桥历代倡修一览表①

序号	建造时间	倡修者	建造情况	材质
1	明嘉靖三十八年（1559 年）	霍与瑕	深村堡进士霍与瑕捐修。后以飓风毁。②	木质
2	明隆庆二年（1568 年）	霍隆	深村堡霍隆捐修。（霍）隆即（霍）与瑕世父，与瑕为霍韬之子。③	木质
3	明万历九年（1581 年）	周文卿	知县周文卿捐赀倡修。柱架焕然更新，可通舆马。按：周文卿加定弓虚税为一邑累，乃屑屑于一桥之修，岂欲以此谢过，抑狭矣。④	木质
4	明天启六年（1626 年）	李征问、李待问	经历李征问同弟总漕（李）待问捐赀倡修。木石参半。桥长百二十尺，凡七楹，蹲鸱三，桥之外更亭之，以休行者，岁时讲约好会亦于是焉。⑤	木石参半
5	清顺治二年（1645 年）	僧人圆朗	以石，僧圆朗募修。⑥	石质

① 此表依据清乾隆、道光，民国 3 种版本的《佛山忠义乡志》，[明]李待问《修通济桥纪略》，[明]张维国《通济桥记》，《康熙·南海县志》《佛山市志》《佛山市城市建设志》《佛山市交通志》等整理而成。

② [清]陈炎宗：《乾隆·佛山忠义乡志》卷三《乡事志·纪略》，第 3 页。

③ [清]陈炎宗：《乾隆·佛山忠义乡志》卷三《乡事志·纪略》，第 3 页。

④ [清]陈炎宗：《乾隆·佛山忠义乡志》卷三《乡事志·纪略》，第 4 页。

⑤ 《康熙·南海县志》卷十五《艺文志》，书目文献出版社，1992，第 312—313 页。

⑥ [清]陈炎宗《乾隆·佛山忠义乡志》卷三《乡事志·纪略》，第 7 页。

续上表

序号	建造时间	倡修者	建造情况	材质
6	清嘉庆十二年（1807 年）	不详	重修（保持原貌）。[①]中华人民共和国成立前，该桥尚残存。[②]	石质
7	1958 年	佛山市人民政府	改建为水泥混凝土单孔拱桥，跨度 6 米，宽度 6.4 米，坡度 4%，拆去了牌楼和对联。[③]	混凝土
8	1960 年	佛山市人民政府	改为公路桥。[④]	混凝土
9	1982 年	佛山市人民政府	重建为钢筋混凝土桥梁，宽 16 米。[⑤]	钢筋混凝土
10	2001 年	佛山市人民政府	由华南理工大学设计重建。长 32 米，宽 9.9 米。[⑥]	石质

① ［清］吴荣光《道光·佛山忠义乡志》卷一《乡域志·桥梁》，第 30 页。

② 佛山市交通局编《佛山市交通志》，出版者不详，1991，第 58 页。

③ 佛山市城乡建设局编《佛山市城市建设志》，广东科技出版社，1990，第 57—58 页；佛山市交通局编《佛山市交通志》，出版者不详，1991，第 58 页。

④ 佛山市城乡建设局编《佛山市城市建设志》，广东科技出版社，1990，第 57—58 页；佛山市交通局编《佛山市交通志》，出版者不详，1991，第 58 页。

⑤ 佛山市交通局编《佛山市交通志》，出版者不详，1991，第 58 页。

⑥ 《通济桥的变迁》，《佛山日报》2001 年 2 月 5 日第 3 版。

第三章　通济桥场的形成历程

儒家学说在中国传承2000多年，中国人一直受孔孟之道的教育和熏陶，中国因此被称为“礼仪之邦”。礼失而求诸野，农工百艺，贩夫走卒，老少妇孺，都知道修桥铺路是行善积德、方便民众的好事。①

古代修桥，除了官道上的桥梁由政府出资外，其他桥梁基本上都由地方士绅、民众等筹资修建。

桥梁的兴建与塌毁，是与基层社会民众休戚相关的大事。因而常由当地士绅首倡，众人踊跃响应，输赀恐后，集全乡之志，举全乡之力，解决因当时人力、物力、财力的不足和技术短板带来的种种难题，突破主客观的重重阻碍，最终使桥梁落成。亦有当地富裕乡绅、在外为官或经商者，出资或独资建桥，造福桑梓，积德扬名。

几千年来，人们都把“修桥筑路”视为行善积德之事、造福世人之举，故在传统社会中，有众多的士绅、乡民对此不遗余力，这种优良传统一直传承至今。

佛山通济桥历经十多次的修造，桥场空间不断扩大，其功能也不断延伸和嬗变。

---

① 唐寰澄：《中国科学技术史·桥梁卷》，科学出版社，2000，第7页。

一、通济桥与佛山官绅、世家大族

珠江三角洲水陆交错的农业系统的建成，需要群体力量，并且往往需要互相协作的一致行动。这是宗族制盛行、乡族士绅对地方的控制力得以建立的重要原因。

浸淫于家族本位的宗族理念中，个人的升迁荣辱，是同家族的兴旺发达紧紧联系在一起的，即个人的身份地位，取决于所在宗族的等差次序的伦理构架中的位置，也取决于所属社会集团的势力等级。唯有提高本宗族的社会地位，方能实现自己的价值。所以追求家族荣耀的终极价值观念，成为驱动族人经商的精神力量。他们在缙绅化的同时，也直接用其货币经济的力量以通显。他们有的通过捐赀举办公益事业，诸如善堂、医院、育婴堂，以及修桥、补路、筑堤等，而取得地方上与士绅并列的名流地位。①

传统社会中，基层社会的道路、桥梁一般由官绅阶层、世家大族等捐修，也有少数是由出家人倡修的，他们或因成就了科举功名，或为了报恩行善，或为了提升家族威望，亦或为了弘扬地方教化等原因而修桥铺路，因而佛山通济桥及其附属设施的修造也离不开地方士绅、名门望族的大力支持。

明中后期活跃于政坛上的佛山官绅如伦文叙父子、霍韬、庞尚鹏、李待问等，原出身于社会底层，其家族分别做过农民、鸭户、小商贩、冶铁户等，他们后因科举及第，或出任朝廷大臣，或担任地方高官，其所属的宗族也就成了佛山当地的世家大族。

---

① 叶显恩：《明清珠江三角洲土地制度、宗族与商业化》，香港中文大学《中国文化研究所学报》（30 周年纪念专号），1997 年第 6 期。

（一）霍氏家族与通济桥

在珠江三角洲，族产被注入了商品意识，属于营利性质。宗族经营族墟、族店、码头、族窑、族田等等。一些有政治特权的宗族甚至相竞控制重要的经济行业。例如，作为佛山的经济支柱、享有官准专利的铁冶业，就为冼、霍、李、陈等巨族所相竞争夺。明人陈子升曾经指出："佛山地接省会，向来二、三巨族为愚民率其货利，唯铸铁而已。"[①] 可见控制这一行业，即可掌握佛山的经济命脉。

明代及以前，一方面，与北方相比，广东遭受战乱的摧残较少，使霍姓人有一个长期安定的发展机会，特别是明代中后期，霍氏在南海一带人口急剧发展，经济上也领先其他姓氏；另一方面，霍氏在朝为官者众多，形成了南海霍氏士大夫集团，很快便发展成为岭南名门望族。

因霍韬的发迹而显赫起来的霍氏家族，就控制有铁、炭、陶瓷、木植，以及其他"便民同利"的产业，诸如墟场、市肆、码头、店铺等。

佛山霍氏家族热心地方公益，多次捐修通济桥等公共设施，是与其雄厚的家族经济分不开的，或者说其背后有雄厚的家族经济作为支柱。他们一方面是为了地方公益慈善，另一方面也是为了提升家族在地方的声望，增强在地方事务管理中的话语权。

据佛山地方史料记载，通济桥的修建，有明确记载的始自明代。嘉靖三十八年（1559 年）"（佛山镇）深村堡进士霍与瑕捐修。

① ［清］瑞麟、戴肇辰等修，史澄等纂：《广州府志》卷十五《舆地略七・风俗》，据清光绪五年刊本影印，成文出版社，1966，第 20 页。

后以飓风毁。”[1] 霍与瑕，字勉衷，号勉斋，嘉靖年间礼部尚书霍韬次子。嘉靖己未进士，初授浙江慈溪知县，隆庆丁卯奉旨浙粤桂赣提刑检察司。

查乾隆年间佛山地图[2]，深村在佛山洛水河南岸，南面的洛水河上只有三座桥梁，而离深村最近的是通济桥。明代时期，洛水南岸区域远离中心城区，在有桥梁来沟通两岸之前，如果人们要去北岸的城区，就要绕道，或坐船过渡，极不方便。所以，为了方便自己和族人及其他民众的出行，同时也是为了提升家族的威望，亦或是热心地方公益慈善，霍与瑕捐资修建了通济桥。

最开始修建的通济桥是比较简易和狭窄的木质桥梁，由于其承重有限，只能供行人来往。通济桥的修建，大大地缩短了人们往返的路程，极大地方便了广大民众的出行，因此其使用频率很高，又因是木质简易桥梁，在南方暴风雨频发，日晒雨淋的情况下，其使用寿命不长，十来年左右就要重修一次，故隆庆二年（1568 年），霍与瑕的族叔霍隆再次捐修：“深村堡霍隆捐修。（霍）隆即（霍）与瑕世父，与瑕为霍韬之子。”[3]

---

① ［清］陈炎宗：《乾隆·佛山忠义乡志》卷三《乡事志·纪略》，第 3 页。

② ［清］陈炎宗：《乾隆·佛山忠义乡志》卷首《佛山总图》，第 20 页。

③ ［清］陈炎宗：《乾隆·佛山忠义乡志》卷三《乡事志·纪略》，第 3 页。

视频截图：旧时简易的木板桥。采自佛山市大湖文化传播有限公司赠阅的光盘《岭南印象——行通济》

霍韬画像，采自《石头村霍氏历史名人辞汇》内页[①]。霍韬，字渭先，始号兀崖，后改号渭厓。正德进士，读书西樵山，经史精治，嘉靖年间官至尚书。力主清娼籍，散僧尼，毁淫词，兴社学，为人刚正不阿。霍韬死后被封为太子太保（从二品），谥号文敏，并由皇帝御赐墓葬。有《霍文敏公全集》《渭厓文集》《渭厓家训》等存世。

---

① 佛山澜石石头村修缮宗祠工作组整编：《石头村霍氏历史名人辞汇》，出版者不详，2004。

（二）李氏家族与通济桥

明清时期，珠三角地区因为工商业高度发达，财富积累十分雄厚，民间慈善逐步兴起。在佛山，商人、官绅、望族等是佛山民间慈善事业的主角，李待问及其家族就是其中的典范。

众所周知，在传统社会中，基层民间自治色彩十分浓厚，城市管理主要依靠民间力量，其核心为官绅阶层、世家大族，佛山也不例外。明天启七年（1627 年），佛山地方的议事中心——嘉会堂在灵应祠（祖庙）成立，这是佛山镇第一个民间自治机构，负责处理地方政治、经济和公益事务等。

正是在这样的社会背景下，李待问作为明代后期佛山士绅的代表，调动各种社会资源，倾力于公益慈善事业，这种积极参与地方自治和社会整合的努力，也为自己和家族赢得了极大的名声，李氏逐渐成为佛山的名门望族，后世还涌现出如李广海这样的家族慈善理念的继承者。

“天启六年丙寅修通济桥，建亭于左畔，经历李征问同弟总漕待问捐修。”[①]“桥为诸乡津要，屡修屡圮，最后易以石，始巩固矣。”[②]李待问兄弟采用木石参半之议：没入水中的桥柱等关键构件采用石头，其他部分采用木头，自此以后通济桥才坚固，在佛山这个暴风雨多发的地方挺立了多年。

李待问（1582—1643 年），字葵孺，号献衷。他的父亲曾为县官，万历十年（1582 年）李待问出生时已离开人世。李待问幼时天资

① ［清］陈炎宗：《乾隆·佛山忠义乡志》卷三《乡事志·纪略》，第 5 页。

② ［清］陈炎宗：《乾隆·佛山忠义乡志》卷三《乡事志·桥梁》，第 17 页。

聪敏，被邻里誉为神童。

万历三十一年（1603 年）李待问考中举人，次年联捷成进士。官职逐步递升，直至官授户部尚书，成为佛山籍第一个官至尚书的仕宦，也成为明代以来佛山籍进士加京官的三人之一（另两人为梁焯、冼桂奇）。

功成名就的李待问，即着手在家乡修宗祠，置书田，编族谱，努力整合李氏家族，使李氏家族在佛山的地位迅速上升，成为佛山的名门望族，也使李待问本人成为佛山地域范围内新兴士绅集团的首席代表人物。作为这一阶层的首要人物，李待问在佛山进行了一系列的社会活动，用当代的话来说，就是对佛山进行了全面的社会整合的活动。在佛山史志的记载中，从万历末年起至崇祯末年，在经济方面，平公秤、破垄断；在政治方面，设立地方自治机构“嘉会堂”；在军事方面，设立“忠义营”保卫乡土；在文化方面，创建文昌书院，这是佛山最早建立的书院，给家庭并不富裕的子弟读书，为佛山后来的“科甲一方、文运昌盛”打下了坚实的基础；在慈善公益方面，修桥、筑路、赈灾等这些无不与李待问的名字联系在一起，以致佛山民间有这样的说法，哪里有公益大事，哪里就有李待问的参与和贡献。李待问作为士绅阶层的首席代表，他对佛山的社会整合，是得到佛山人的普遍认可和接受的，其所作所为并没有超出公共道德底线与范围，其事迹也被载入《李氏世德》和佛山地方志中。

有研究者认为，以李待问为代表的新兴士绅集团所建立的一整套城市运作制度，不仅使佛山在明末整合成一个“生齿日繁，四方之舟日以辐辏”的生气勃勃的“大都会”，而且对后来的佛山城市的发展产生了深远的影响。①

李氏家族的另外一位名人是李侍问（生卒年不详），字謇衷。清代康熙年间人，是明代户部尚书李待问的族人，佛山李族第十世后裔。李侍问博文强记，读书必做笔记，尤其注意搜集整理地方史料，所以有关著述很多。大司农李忠定很器重他，乡人称赞他为李家的才杰。他主持编修的《佛山忠义乡志》，成书于康熙五年（1666年）。这是佛山第一部地方志。该书的序言是由其同乡先辈霍得之所写，校阅工作由他的儿子象漉、象锦、象镗及门徒梁昌等完成。乡志所记每一件事，力求做到详尽、准确。这部康熙年间成书的《佛山忠义乡志》，俗称“李志”。可惜此书在后来的三种版本的《佛山忠义乡志》成书之前已经散佚。《道光·佛山忠义乡志》的凡例里说“李志日久无存”②，现保存下来的只有李志的一篇小引、一篇序文。序文提到：“其志书……分列十卷，首舆地庙图，次岁时风俗，而以人物传终鄢。”③

（三）吴氏家族与通济桥的附属设施

“道光二十年庚子，建且住亭于通济桥之南，吴弥光捐筑。”④

佛山吴氏家族，起自盐商，成于诗文，可谓书香门第，其代表人物是吴荣光、吴弥光兄弟俩。吴荣光（1773—1843年），清代道光年间御史，有政声。

自清初至嘉庆、道光年间，佛山镇观音堂铺田心里大树堂（今

---

① 罗一星：《明清佛山经济发展与社会变迁》，广东人民出版社，1994，第154—162页。

② ［清］吴荣光：《道光·佛山忠义乡志》卷首《凡例》，第3页。

③ ［清］陈炎宗：《乾隆·佛山忠义乡志》卷首《序言》，第8页。

④ ［民国］冼宝干：《民国·佛山忠义乡志》卷十一《乡事·编年》，第14页。

禅城区人民路田心里一带），居住着一个地位逐渐上升的吴氏家族。道光十年（1830年）禅山怡文堂刊刻的《佛山街略》记载了登上上流社会的大树堂坊：盐运大使“吴公逸居兄弟，文风日盛，现今按察”。点出了吴氏是靠盐官起家，地位日隆。按察，是指吴荣光先后出任各省的按察使、巡抚等职，相当于现今的省、部级官员。加上他备受两朝皇帝恩宠，嘉庆帝御赐先帝善本书籍，道光帝亲书“大树堂”的堂匾，使吴氏在佛山享有崇高的威望。道光十八年（1838年），吴荣光告假回乡为母祝寿，全镇乡亲父老、百姓、官员事先在正埠码头（今永安路尾汾江边）“高搭牌头（楼）迎迓”，离开家乡时欢送者五六千人，显示了他的事业成就和威望达到了高峰。

他在任内多次回乡省亲，晚年定居大树堂，一向关心家乡福祉，无论在水利、教育、典章、文化等方面都亲力倡为，贡献良多。道光五年（1825年），吴荣光以在职督府身份，牵头出资，团结商人、士大夫重修栅下铺海口文昌阁（俗称文昌塔），又参与乡镇清浚佛山涌的水利大事。道光八年（1828年），接受乡人再次恳请，主编《佛山忠义乡志》，仅用3个月就完成，不收分文。这时，佛山镇正好有5所房屋涉嫌赌博被罚没，他即上书广东总督和巡抚，请将官没之房产拨给田心书院。总督李鸿滨慨然应允，还另捐一千两白银资助，他亦欣然撰写《重修田心书院》，详述此事经过。道光二十年（1840年），鸦片战争爆发，吴荣光以佛山绅士集团领袖身份主持佛山团练，领导军民“筑台树栅”，作为广州抗英之后盾。钦差大臣林则徐鉴于他在广东的威望，特嘱梁延枏专程赴佛山，请吴荣光和李可琼一同商议如何保卫广州，足见其影响力。

吴荣光是清代岭南一带最大的书画金石鉴藏家。他的“筠清馆”

除藏有鼎彝古物和宋明书画碑帖外，《史记》《汉书》《陈后山集》《苏诗》等都是宋刻珍本。当时有人赋诗咏赞："公诗更有宋孤本，苏斋藏弃归筠清。"后世对凡有"筠清馆"印记的书籍画帖，都视为精绝珍品。吴荣光著有《金石款识类》《帖镜》《辛丑消夏录》《筠清馆金石录》和《筠清馆法帖》6卷（部分现藏于佛山市博物馆）等。吴氏另一位名人是吴弥光，字章垣，号朴园，举人出身，吴荣光的弟弟，也是文人，曾编纂有关明代历史的丛书两部，热心地方公益慈善，如捐修通济桥的附属设施——南岸的且住亭等。

（四）其他修造者与通济桥

自明至清，佛山通济桥的修造者，除了地方士绅、世家望族外，还有守土地方官员和出家人。在以政治为导向的历史大背景中，传统社会几千年积淀形成的桥梁文化，使桥梁具有强烈的政治象征性。在一定程度上，中央政府"可以通过桥梁来表达自己的权威"[①]。

一般来说，道路和桥梁的建设是上至中央，下至地方应负的责任，其利不仅是便民的，而且是体现国家至治的必要条件。在通讯工具和交通系统还不具备多样化的古代，政令、巡视、上计、货殖等都靠道路、桥梁、驿传以通消息和有无。

在传统社会中，道路、桥梁的发展就分为三级：重要的道桥由中央负责；一般的道桥由地方负责；民间小道桥，由乡里负责。但道桥的保养和维护，一直是地方官的责任，中央负责派员视察，以

① 周星：《境界与象征——桥和民俗》，上海文艺出版社，1998，第137页。

此裁定守土者的政绩。[1] 如果“侯不在疆（封地官不在本土），司空不视涂（管道桥者不加巡视），泽不陂（湖泊不作堤防），川不梁（河川上不修桥梁）”[2]，说明其国不治。

“天下大事必作于细。”[3] 大事是小事的积累，政治便是为民服务的一件件小事汇集而成。涂不治，川不梁，以小见大，便知其国不振。从政者须为官一任，造福一方，使自己没有漏失，而且世代相传，这是中国政治中的优良传统之一。

自古至今，桥梁与国家的兴衰、文化的传播等息息相关，与此相对应，在全国各地的交通要津，修桥设渡、通济便民，自然也就成为衡量地方政治与地方官员政绩的主要标志之一，尤其是作为有形的见证，桥梁的历史往往在民众的口碑中不断流传，因此，地方官员都热衷修桥，或对修桥采取鼓励的态度。所谓桥梁道路，都是“王政”的主要内容之一。“桥路之通，在很大程度上是看作政通人和的标志和象征。”[4]

在传统社会里，从政者比较在意创造桥梁的政治文化，即所谓的“为官一任，造福一方”是他们的理想，造桥修路是其重要的从政目标，而当政者亲自主持造桥是一种优秀的政治文化传统。

明万历九年（1581 年），“知县周文卿捐赀倡修。柱架焕然更新，可通舆马”[5]。通济桥的破败，使得知县周文卿以佛山地方父母官

① 唐寰澄：《中国科学技术史·桥梁卷》，科学出版社，2000，第 5 页。

② 《国语》。

③ 《老子》。

④ 周星：《境界与象征——桥和民俗》，上海文艺出版社，1998，第 145 页。

⑤ ［清］吴荣光：《道光·佛山忠义乡志》卷六《乡事·编年》，第 5 页。

的身份带头捐资修建。一方面足见其高度重视广大民众的重大关切，另一方面也说明通济桥在佛山交通体系中以及广大民众心目中的重要性。更为重要的是，周文卿是代表官方治理地方基层社会，修桥是出于维护官方正统形象的需要，也是表达中央政府权威的需要。建成后的通济桥焕然一新，桥面加宽了，可供车马通行，此举极大地缓解了交通压力，也给广大民众的生活带来了极大的便利。

历史的车轮行进到清朝，僧人圆朗看到通济桥的木质结构的朽坏，遂向广大信众募集资金，修建通济桥，广大民众特别是信众都踊跃乐捐，资金也很快到位。这次他吸取前代的教训，全部采用石质材料，以避免朽坏。“国朝世祖章皇帝顺治十二年修通济桥，尽易以石，僧圆朗募修。”①

地方民众捐资、修桥的善行主要保留在地方文献和碑刻中，地方志中有关桥梁的记载一般会有“太平桥”“广福桥”“普济桥”“济便桥”“积善桥”“通济桥”等名称，从一个侧面反映行善观念的深入、修桥实践的普及和群众基础的深厚。

捐资或募资修桥的善举之所以不断涌现，主要有以下几个原因：

首先，还愿修桥、修缮桥梁、捐资建桥等行为，均被视作善行、义行。

其次，修建者虽动机各异，但造福乡梓、祈求福祉、积德行善等观念仍是其主导因素。

再次，地方志中记载的大量积德行善、因果报应的故事、传说等引导着人们自觉践行。

---

① ［清］陈炎宗：《乾隆·佛山忠义乡志》卷三《乡事志·纪略》，第7页。

二、通济桥的附属设施日益增多

作为桥梁的配套设施，通常会在桥头修建茶亭或凉亭，免费供茶水、备草鞋、挂灯笼，以方便旅途之人。佛山通济桥的附属设施代有修建，屡圮屡修，并有逐步增多之势。

“通济桥在桥亭铺南济庙，明天启六年建”[①]“桥亭铺（辖通济桥）”[②]“道光二十年庚子，建且住亭于通济桥之南，吴弥光捐筑，载慈善志”[③]“同治九年庚午，修复村尾茶亭，戴其芬有序”[④]。

村尾茶亭[⑤]

在桥亭铺南济街，康熙六十一年壬寅，里人梁玉书等以是处居佛山南路，为南、顺、新三邑往来要冲，向有施茶善举而地无定址，久亦废坠，乃谋购地于宝丰社侧，建亭以居之，自是宾至如归，人称乐土。延及同治庚午，历百有余年，风霜剥蚀，镇中人士倡议修复，额题“茶亭古迹”，梁九图书。工竣，征诗以记其盛。首列者为赠协办大学士戴其芬，次则为余仲铭，亦乡之老名宿也。钜手探骊，一时传诵，佥谓得此题咏，不独斯亭生色，即倡修诸人士亦相与并垂不朽云。

① ［民国］冼宝干：《民国·佛山忠义乡志》卷一《舆地·桥梁》，第 34 页。

② ［民国］冼宝干：《民国·佛山忠义乡志》卷一《舆地·铺》，第 17 页。

③ ［民国］冼宝干：《民国·佛山忠义乡志》卷十一《乡事·编年》，第 14 页。

④ ［民国］冼宝干：《民国·佛山忠义乡志》卷十一《乡事·编年》，第 7 页。

⑤ ［民国］冼宝干：《民国·佛山忠义乡志》卷七《慈善·村尾茶亭》，第 10 页。

建茶亭记[①]

佛山，东南一巨镇也，其西北一带，上溯浈水，可抵神京，通陕洛以及荆吴诸省，四方之来游者，日以万计。然皆以舟舶泊岸，不少劳余力也，独南路通济桥为镇后门户，当南、顺、新三邑要冲来市于禅者，皆取道于此，或竭半日之程，或尽半日之力，肩不得息，至此者渴思如焚，苦无驻足之所，夏日炎炎尤可畏也。予忝居斯土，按其形势，尝与同人买地搆亭，从胡武昌、梁宪生诸先生所为，施茶者以居之，使事与地适，后以出宰沅邑，宦游京师卒，卒无须臾之闲，盖有志而未逮也。今岁春，同里玉书、尧章两梁君，以施茶事废坠慨然起而修之，复醵金卜地于宝丰社右，以襄前人所未逮。其地广可半亩，前建亭，亭临水，周遭引以栏槛与涟漪相映，后辟一轩，爽垲殊绝，暑月以工人煮茗其间，遥瞻俯瞩，真胜概也。工竣将勒石焉，梁君具其始末，乞予言为记，予跃然喜曰："是予之志也，夫是予之志也，夫德洋恩灭，被冒宇宙者，君子之心而随地以施，循分自尽者，吾人之事也。是举也，虽区区无当于大德之施，然使三邑之征途跋涉得憩息于斯亭焉，未必非参赞之一端也，梁君其与诸君子并垂于不朽也哉！"

前工部屯田司主政湖广常德沅江县知县朱相朋撰文。

修茶亭记[②]

救天下编户之渴者，哲后也；救一乡道路之渴者，义士也。有司幸逢哲后，又冀得观义士以为快，此予今日所以因南海茶亭之建，

① ［清］陈炎宗：《乾隆·佛山忠义乡志》卷十《艺文志》，第62—63页。

② ［清］陈炎宗：《乾隆·佛山忠义乡志》卷十《艺文志》，第64—65页。

不以为小而弗一言也。南海茶亭之建于佛山通济桥外，先是顺德人有侨寓禅山者，为武昌郡牧胡公首捐赀置租，乡人亦助以有成。今者，亭既立矣，夫亭之义，取乎留汉应劭以为行旅宿会之所，秦汉十里一亭，亭置一长，明顾宁人，谓必有居舍如今之公署，又谓必有人民如今之镇集，代异制殊而所谓公者结于胜地，以供游玩之，资以利物，为行旅之宴会。炎天溽暑，人喘且倦交，待茗椀以润喉吻，而掌是茗者，即为亭之长，可也。嗟乎！草木之瘁也，得水而色不枯，鱼龙之困也，得水而翅能奋，人亦有然，其谁实甦之耶？周礼六行之终也，曰恤而古君子之周饥馑以睦宗族，惠邻里也有义田义仓之设，其余分谷煮糜拯人之饥，史亦有纪其事，以为劝兹之。救渴与救饥将毋同，此举愿常行之，此举以外尤愿广行之矣。呜呼！人有终身之渴，有一时之渴，终身之渴，圣天子岁为民慰之，一时之渴，尔民亦推德意以慰之，予为民牧，亦不用生其渴也夫。

广州府知府陆阳庞屿撰文。

重建佛山村尾茶亭①

游戏不必天上仙，朝吸东海暮玉泉。
趺坐不必龛里佛，赵州之茶甜似蜜。
夜凉井汲胜醍醐，人生行乐思髯苏。
况推此意大施解，活佛真仙何处无。
禅山西隅西孔道，客子苍黄于役早。
晓风残月思犹焦，赤日红云肠欲槁。
当年诸老剧风流，手创孤亭曲水头。

① ［民国］冼宝干：《民国·佛山忠义乡志》卷七《慈善·村尾茶亭》，第11—12页。

百尺垂虹长饮夏，四围荫樾早成秋。
茂陵司马贫何似，盖来贷汝西江水。
一瓯闲赠武陵生，七椀凭夸玉川子。
清踪回首几时埃，得得频歌归去来。
学士摩挲断碑藓，行人怅望古亭梅。
后来韵事追前辈，谷雨团团春雀焙。
棐几胸浇书传香，铜屏耳沸笙歌碎。
我渴呼童活火烹，人渴何庸判重轻。
共待霖成翻一阵，且仍浆义施千甖（yīng）。
从此经过晨复暮，相逢再指泠中路。
买棹谁歌南浦舟，提壶漫数汾江渡。
玉堂他夜草芳披，八饼头纲赐出迟。
遥知共对金莲炬，尚话芳亭煮茗时。

余仲铭撰。

霍与瑕、李待问、周文卿等进士举人、地方官员对通济桥的修缮和扩建，使通济桥的文化功能得到了显著提升，通济桥、茶亭、通济古道和赞翼堂的修缮以及桥亭铺区众多祠、庙的建立，客观上为通济桥及其附属设施逐渐发展成为人文景观和文化空间提供了一个展示平台和良好契机。

茶亭的修建，最初是在明天启六年（1626年）。当时，李待问主持修建了通济桥后，另外还兴建了一亭子：“凡两楹，长三十尺，广十五尺”，“一以息民，一以建贞珉，而乡约聚会咸丽焉”。①

① ［清］陈炎宗：《乾隆·佛山忠义乡志》卷十《艺文志》，第36—38页。

在桥的附近区域修造凉亭，目的是使往来行人有一个休息的地方，并且作为放置碑记、乡约之类碑刻以及举行文会的场所。如此一来，通济桥就不仅仅具有交通功能，而且成为了一个地方文化展示及文化活动的空间。清康熙六十一年（1722年）和同治九年（1870年），茶亭又进行了两次修缮。

通济古道，乃李可琼在嘉庆年间修筑的，此事在乡志中有记载："在桥亭铺通济桥外，分为三路。自通济桥起，直趋河宕，以达石湾，为中路；距桥三里许，为且住亭。亭前一路经潘村、塘头诸乡以达于澜石，为东路；亭后一路，经教子塘头、大麦、小麦、黎涌诸乡，以达军营，为西路。各石路长者一千二三百丈，短亦八九百丈，下通顺德，故名南顺通津，为佛山及七堡往来所必经……盖自李都转（按：即李可琼）兴筑以来，迄今百年，工程有加无已，如砥如矢，往来称便，诚建筑之要工，利济之盛举也。"[①]

赞翼堂的修建，进一步强化了"通济桥"的慈善文化内涵。据乡志记载："赞翼诚善堂，在桥亭铺黄涌口内。光绪二十二年，镇人魏百揆、朱仲文等集资倡建，其命名取义以'赞化翼教为主，而大旨归本于一诚'办法，于赠医施药、宣讲善书之外，复设义学七间。是处为乡镇往来要冲，有此善堂，其方便于乡间贫民者固多，即往来行人得以休憩，亦较之茶亭尤为宽畅。宣统三年四月毁于兵燹，独后座崇祀关圣，岿然尚存。镇内绅商屡议募捐修复。民国改元后，地方多故，迄未举行。虽颓垣废址而赠医施药，仍旧不辍。

① ［民国］冼宝干：《民国·佛山忠义乡志》卷七《慈善志·石路》，第12—13页。

诚之所结，贯乎始终，不以患难而遂绥也。”[①]

茶亭、赞翼堂和通济古道的修缮，使通济桥的文化功能得到了极大地提升，通济桥一带形成了一个以“通济桥”和“茶亭”命名的铺区，称为“茶亭铺”，被列为“佛山古镇二十四铺”之一。明清时期，在通济桥一带，还陆续修建了南济观音庙、通济寺、通济庵、关帝庙以及宝贤社、通运社、保安社、保丰社 4 个土地社以及众多的家族祠堂。《道光・佛山忠义乡志》记载：“南济庙祀观音大士，在通济桥。顺治乙未年白衣庵僧圆朗，将白衣庵改为通济庙。嘉庆丁卯年重修。”[②] 这些神祇和祖祠的存在，使通济桥成为了一个兼具世俗与神圣功能的文化空间，这既适应了佛山古镇拓展城市空间和发展经济文化的需要，又在精神上为通济桥提供了庇护，同时也刺激了一系列相关民俗活动的勃兴，如南济观音庙摘灯带、通运土地社拜社公、元宵祠堂挂灯等。

通济桥的拆毁与改建，实际是佛山城市化进程的映照和见证。近代以来，由于佛山外河内涌的日渐淤塞，粤西、北通往广州的水道改道东平河，佛山古镇水运中心地位逐步衰落，而近代铁路的修建，进一步加剧了佛山交通中心地位的旁落。佛山境内的河涌被大量掩埋，过去的水上交通线演变成了现代马路，大量的桥梁被拆毁，通济桥自然也难逃厄运。

三、通济桥的桥场规划不断完善

佛山水乡的聚落总体上由河涌分割成不同的板块，多呈简单的

---

① ［民国］冼宝干：《民国・佛山忠义乡志》卷七《慈善志・善堂》，第 6 页。

② ［清］吴荣光：《道光・佛山忠义乡志》卷二《祀典・桥亭铺・南济庙》，第 17 页。

“Y”字形、“T”字形或倒“T”字形。在水网纵横、水陆交通线密集的村落尤其如此。

聚落景观上延续了广府地区普遍的聚落形式——传统的“梳式结构”格局：结构上，以里巷为单位，整齐划一、规规整整，村民们三间两廊的住宅一家接着一家，形成横平竖直的布局；在朝向上，民居、祠堂等乡土建筑，面向河涌，建筑构成的里巷与河涌垂直，直对小埠头。

水乡佛山河涌古桥的位置与规划大致有以下几种情况：

一是修筑在村中交通要道上，主要担当村域交通的功能，在桥头处往往会建有珠三角乡村常见的北帝、观音、洪圣、天后等庙宇（如通济桥头的南济观音庙），是交通要道同时亦是村中的商业中心区，即“市头”。有的“市头”在桥道两侧，与河涌相交成十字形，有的墟市紧临河涌，铺面开在石板道上，与对面的商铺，构成以桥、庙为中心，与河涌平行的商业中心。在佛山水乡，桥、树、庙、市、埠、涌几大组合因素几乎是共生共存的。

二是修筑在河叉拐弯之处，河道一侧建村庙，庙多采用马鞍形封火山墙，庙前有小广场，庙对河涌较宽阔的弧形水面，多停泊小舟，靠水边建社稷坛（如通济桥附近的通运社坛）小庙，并砌筑小埠头，桥庙旁一般会种植挺拨的木棉树和婆娑的古榕，作为村前、村后、水乡桥头的风水树，浓荫蔽日。

街头路口的大榕树下，是水乡村民聚集休闲的主要场所。这样，由河道接驳，古桥、桥亭、村庙、榕树、木棉等共同围合成一个珠江三角洲水乡河道的重要节点和村民集结的休闲空间和祭祀中心（如通济桥附近的茶亭、南济观音庙）。

三是佛山水乡的祠堂，这也是河道上重要的节点。岭南水乡的祠堂一般建在河涌旁边，古祠临涌，村民利用流经祠堂的河涌改造成半月形水道作泮池，一定程度上替代了水塘的作用。[①]

进入新世纪，通济桥的重修，着眼的是其民俗传承和文化休闲功能，可以看作是对1958—1982年通济桥“改造”的一次纠偏，也可以说是一次“文化复兴”，这与改革开放以来我国旅游文化的兴起，特别是2003年以来的非物质文化遗产保护的兴起有关。

新建成的通济桥长32米，宽9.9米。桥两端的抱鼓石，以祥云和蝙蝠衬托风车，凸显出“行通济”民俗的象征物——风车。桥身上雕刻着相传八仙过海时所执的神器，蕴含着市民过桥时祈求消灾、寻求平安的美好祝愿。桥柱的上部，用大象的头“拱”出一个果篮，里面有南瓜、仙桃，取意“象抱太平”。古代的通济桥，桥头石级共9级，桥尾13级，反映出民众“九出十三归”的求财心愿，如今在新桥上也得到了体现：以防滑条取代台阶，在桥的北端安置9条，在桥的南端安置13条。这不仅提高了过桥的安全系数，同时也满足了人们过桥祈福求财的心理。通济桥下面的水体面积近2000平方米，水深只有0.6米左右，不存在较大的安全隐患。水池里面放养了很多观赏鱼，“金鳞惯爱初斜日，玉乳长涵太古天。投饵聚时霞作尾，避人深处月初弦。还将吾乐同鱼乐，三复庄生濠上篇”[②]，并设立了亲水台阶、知鱼轩、乐鱼亭，取“鱼乐人亦乐，

① 朱光文：《榕树·河涌·镬耳墙：略谈岭南水乡的景观特色》，《岭南文史》2003年第4期，第43—45页。

② 徐飞、顾炳鑫：《西湖民间故事：玉泉》之《前言》，上海人民美术出版社，2010，第43页。

泉清心共清”[①]之意。

随着通济桥的修建，通济桥及其桥场也不断完善：以通济桥、闸门楼（即牌坊楼）及南北两个广场为主轴线，再配以桥下水体、周边绿化，形成一个面积7300平方米的公园。重建后的通济桥基本上还能看到昔日的形象，只是新通济桥的走向已与古桥不同，古桥是东西走向，而新桥则是北南走向。

通济桥广场自建成之日起，便肩负起多重功能。它既是一个休闲广场，又是一个交通广场，更是佛山人“行通济”的重要场所，因此除了为市民提供日常的休闲活动场所以外，还要满足“行通济”当日数十万人流的集散需求。

广场由两大部分组成，与通济桥相连的南北两个广场是较开阔舒朗的硬质大理石铺装，桥东面的休闲区则是具有中国传统园林风格的小桥流水、凉亭、水榭等仿古建筑。广场融合了古今园林的风格，使其容纳的使用群体范围较广，不同群体的使用时段也相互错开。早上，在南面广场上的是迎着朝阳的晨练者，东面休闲区的人流量较少。而休闲区在上午的8:00到11:00和下午的3:30到5:00是附近社区的老人、主妇们闲话家常、互通有无和带小孩的最佳地点，后来这里也是一些粤剧私伙局发烧友定期聚会练习的场所，到了晚上，这里就成了附近居民饭后散步、休闲的好去处。晚上8:00以后，南面的“济世广场”则成了年轻人的天地，广场为滑板爱好者和街舞爱好者提供了一个极佳的活动场所。

---

① 这是现在杭州植物园内玉泉池亭柱上的楹联，相传为宋代人题写。明代著名诗人、书画家董其昌又题写了“鱼乐园”匾额，至今还高悬于池畔的亭廊之上。见徐飞、顾炳鑫：《西湖民间故事：玉泉》之《前言》，上海人民美术出版社，2010。

每到休息日，广场更是变成合家畅游休闲的好去处。作为广场主景的水面，有三个从岸上延伸出来的亲水平台，人们可以在那里戏水、喂鱼。在荷花与睡莲盛开的季节，人站在平台上，娇艳欲滴的鲜花触手可及，偶尔还能发现在水草中、荷叶下欢快嬉戏的锦鲤。至于知鱼轩、乐鱼亭则分置两岸，周围绿树成荫、竹木摇曳，形成对景，也是观赏通济桥的最佳视点，亭内和水榭内均设有座椅，为人们提供了舒适的休息场所。

通济桥广场位于一片居住区的中心地带，周边楼房林立，附近分布着数个公交车站，因此附近居民出入都无可避免地要穿越广场，他们主要以步行通过。为了达到人车分流的效果以及减轻新建桥梁的负担，广场竣工对外开放不久，就在闸门楼底增设了约 15 厘米高的木门槛，以达到更好的限速和分流的效果。到了“行通济”当天，数十万的民众从北到南穿过“通济门”，跨过通济桥，来到南面“济世广场”上的“生财池”，祈福许愿，完成“行通济”整个流程后疏散离去。南面的“济世广场”和北面的“通运广场”就在这时候发挥了疏导人流的作用。[①]

① 黄嘉隽：《城市广场场所氛围营造初探》，《中国科技博览》，2009 年第 29 期，第 287 页。

第四章　通济桥文化空间的构建与延伸

古桥文化是传统文化的一种，是以桥为载体的各种文化的展现，是人类社会实践过程中所创造的物质财富和精神财富的完美结晶，它一般包括桥的“物质文化、精神文化和社会文化”[①]等方面内容。

桥的物质文化属于桥文化的物质载体，是人们通过自身的智慧、才能和创造力完成的物质形态，而且具象在桥的实用功能上。物质文化反映了桥梁建设中所展现的生产力水平和科技水平，是人类文明的客观标识。

桥的精神文化反映的是桥梁建设中的主体——人的精神世界，一方面人的思想感情、精神理念具象在桥的物质文化和精神文化中，另一方面，在精神文化中，丰富的历史文化内涵和审美功能价值，成为桥文化中最具纯粹文化意义的部分。如桥梁建造过程中所体现的顽强拼搏、自强不息的民族精神；通济利世、造福于民的民本精神和慈善情怀；勇于实践、奋发进取的创新精神；知难而进、不畏艰险的开拓精神；团结协作、万众一心的团队精神等。这些精神反映了桥梁建造者的精神风貌，成为他们创造奇

① 李关寿、孙家驷：《论巴蜀桥文化的风格特征》，《公路交通技术》2011 年第 2 期，第 139 页。

迹、取得成就的精神支柱。另外，桥文化中更深层的意义在于它体现了民族文化中重视沟通和联系，反对阻塞的意识，这正是社会进步和文化发展的重要条件之一，桥文化中的精神文化也具象在各种文化艺术形式之中，比如与桥梁相关的文学作品、诗歌、绘画等。

尽管桥梁属于功能性的建筑，但当它与民族振兴、时代变迁、历史交替、艺术兴盛等相联系时，就具有丰富的社会历史文化内涵，桥文化不仅具有物质与精神方面的内容，而且还具有广泛而深刻的社会文化方面的内涵。桥的社会文化反映了它具有社会性的一面，主要包括桥与民俗、桥与政治、桥与经济、桥与宗教信仰、桥与地方家族等内容。

几百年的风雨变迁中，在通济桥文化功能的构建与传承方面，佛山历代官绅、文人以及广大民众皆不遗余力。

一、官绅阶层对通济桥的文化阐释

通济桥的历代修造者对其功能及“通济”内涵的阐释向来不吝笔墨，特别是明天启六年（1626 年），在通济桥建成后，官绅阶层留下了两篇碑记：一篇是李待问的《修通济桥纪略》，另一篇是张国维的《通济桥记》。

李待问在《修通济桥纪略》[①] 的篇首叙述通济桥修筑缘起时提到：“余乡通济桥，莫详其所自始。夷稽厥道，水通大沙、弼唐、简村、石[illegible]、奇槎诸乡，陆通魁冈、大江、深村、石头、石湾、黎涌、潘村、麦村诸乡，其称名固当。盖诸乡以佛山为大都会，桥，其要津也。”

① ［清］陈炎宗：《乾隆·佛山忠义乡志》卷十《艺文志》，第 36—38 页。

修桥时，佛山镇中父老认为佛山水患频仍，通济桥屡修屡圮，所以应该用巨石修建。但是邻近的四乡民众则认为，如果用巨石修建，可能会防碍水道，给他们带来水灾隐患，因此主张按旧例修建木桥。当时双方意见相持不下，李待问认为不能“以诸乡之壑，易吾一桥之安”，遂采用“木石参半之议”，于是“两利并存焉，诸乡乃帖然。”

木石参半，实际上是对两种意见的兼收并蓄，李待问认为这符合“通济”的本义。修桥的善举也因此得到了邻近诸乡民众的支持：“麦村等乡，日持酒食以劳。”

通济桥的修建，不仅沟通了佛山与四乡八邻的联系，通过融通调济加快了佛山与周边社区的整合进度，而且寄托了人们对未来佛山经济、文化、社会等方面的美好愿望，同时“通济”的含义也得到了深层次的阐释。

张国维在《通济桥记》[①] 中指出：“自好者以蓄其德，忠谏者以蓄其君，长人者以蓄其民。此物此志也盖取诸防，而且上不病壅，下不病壑，置尊中衢，高下斟酌焉，盖取诸通。…置宝筏于迷津，济众生于彼岸，盖取诸济。以行仁防，以正义通，以亨屯济，以拯溺修，此四者故全也。”在张维国看来，李待问修桥，尊重和考虑各方建议，采用“木石参半”之议，对他自己来说是行仁（即完善道德），对国家和地方来说是尽忠为民（即“正义”“亨屯”“拯溺”）。这种阐释，实际上把通济桥的意义，由“通济四乡”，提

① 日本藏中国罕见地方志丛刊:《康熙·南海县志》卷十五《艺文志》，书目文献出版社，1992，第312—313页。

升为“通济天下”。这可以用当年茶亭上的一副对联来表述，上联：“通运冠千秋，启泰黎民兴百业。”下联：“济慈联广宇，匡同社稷共升平。”这是一副嵌字联。“通运”，指通济桥尾的通运土地社，“济慈”指通济桥头的南济观音庙。这幅对联道出了佛山通济桥的经济、文化功能和广大民众的心声。通济桥，代表着行善立德、拯溺济困的慈善精神，寄托着地方士绅的乡国观念，同时也发挥着现实的沟通功能。

如今，人们把“通济”二字视为新佛山人精神，把“通济天下”作为新时期佛山人的普世情怀，把“行通济”这一文化品牌作为增强外来移民城市认同感的有效方式。作为移民城市的佛山，五方杂凑，风俗多样，但是借助“行通济”民俗这个平台，通过“行通济”活动的沟通，使民众风俗习惯上的差异性、区域情感上的排斥性，达到了融合与趋同。“必先通而后济”，深刻揭示了有效沟通在社会学上的意义。这也是越来越多的外来移民加入“行通济”活动的行列，并将其视为“佛山认同”方式的原因之一。[①]

二、地方文人对通济桥的文学加工

佛山地方文人通过大量的文学创作，特别是通过诗词，对通济桥进行文学加工，构建了通济桥的文化形象。

（一）通济桥被纳入了明清“佛山八景”之一，即“村尾垂虹”

当日通济桥建成，即有父老歌曰：“周道如砥，垂虹如伟。如万斯年，率由道揆。”这首诗描写了通济桥修成后的宏伟，歌颂了

① 陈恩维:《广东佛山市禅城区“行通济”民俗调查报告》，2012，暂未刊印稿，作者赠阅，在此表示感谢。

修桥的精神，这大概就是通济桥被称为“村尾垂虹”的缘起。道光年间吴弥光有对联：“通七堡之游行，逸客寻春，任得渡头饮马；济万人之往来，曲桥跨水，艳称村尾垂虹。”来形容通济桥的功能与桥上美景。

以后，各类描写佛山风物的诗词歌赋，都会提到通济桥，通济桥遂成为佛山文化的一个标志。如麦照《佛山赋》：“凤翼通济之桥，虹湾沙塘之冶炉。”冼沂《佛山赋》：“曲曲垂虹挂半湾之月冷，双双流水映一塔之波光。”分别从经济和人文的角度，点出了通济桥的地位。清代以来，出现了众多《村尾垂虹》诗，如吴佇：“万里路迢遥，所喜在通济。游踪不暂停，共藉长虹势。行尽落花村，转眼惊新霁。谁家挂酒帘，正宜此点缀。隔岸扣禅关，正凭此维系。彩缠杖履过，气吞舟楫逝。常同玉练垂，恰漾縠纹细。清溪返照时，孤亭月明际。倒影现玲珑，幽赏空尘世。回思题柱人，壮志愧难继。佳趣羡饮波，遣怀聊一憩。”这首诗前二句交代了通济桥在佛山交通体系中的地位，后十六句写通济桥的整体形态、沿岸的酒家、禅寺等附属文化设施以及月下的通济桥，最后四句写阅读桥头题柱对联引起的思考以及游玩的感受，全面勾勒了通济桥的文化形象。

又如潘学元诗曰：“村尾遥分一水通，长桥稳架借西东。天边才委衔山照，村外旋垂饮涧虹。日影波光连断处，云晴雨意有无中。任教五色江郎笔，多恐描来未尽工。”梁彰世诗曰：“朝匪跻西暮匪东，疎林缺处露长虹。虬形断续烟迷岸，霞彩翻腾水拍空。沽酒客归残雨后，浣纱人话夕阳中。花汀倚棹频回望，村北村南一道红。”

梁序镛《村尾垂虹》：“红桥燕齿客扶黎，遥认长虹饮涧低。碧水涨时晴雨歇，画船通处夕阳迷。凌云才子应题柱，入月神仙或化梯。凭语郊居原有赋，逢人休误是雌霓。”廖卓然《村尾垂虹》：“老蛟吹浪势凌空，鞭石谁成利涉功。乍见江头横匹练，旋看村尾挂长虹。烟云北望三水合，舟楫南来五岭通。借问何人题柱去，夕阳流水自匆匆。”[①] 等均通过对通济桥景致与人文的诗意描绘和文学加工，塑造了通济桥的文化形象。

（二）修复“茶亭古迹”

清同治九年（1870年），当地士绅组织了一次规模颇大的文学竞赛。民国《佛山忠义乡志》“村尾茶亭”条记载：“（茶亭）在桥亭铺南济街。康熙六十一年壬寅，里人梁玉书等以是处居佛山南路，为南顺新三邑往来要冲，向有施茶善举，而地无定址，久亦废坠。乃谋购地于宝丰社侧，建亭以居之，自是宾至如归，人称乐土。沿及同治庚午，历百有余年，风霜剥蚀。镇中人士倡议修复，额题“茶亭古迹”，梁九图书。工竣征诗，以纪其盛。首列者谓赠协办大学士戴其芬，次则为余仲铭，亦乡之老名宿也。巨手探骊，一时传诵。佥谓得此题咏，不独斯亭生色，倡修俱人士亦相与垂不朽云。”[②]

地方文史学者也参与了通济桥的文化构建，清乾隆、道光，民国三个版本的《佛山忠义乡志》，以及1949年后二次修纂的《佛山市志》均对通济桥有详细的记载。

上述围绕通济桥的文学文化活动的存在，使通济桥在佛山众

---

① 以上有关“村尾垂虹”诗、赋等出自：［清］吴荣光：《道光·佛山忠义乡志》卷十一《艺文下·七言律》，第19—41页；冼宝干《民国·佛山忠义乡志》卷十《风土二·名胜》，第13—14页；

② ［民国］冼宝干：《民国·佛山忠义乡志》卷七《慈善·村尾茶亭》，第10页。

多的桥梁中脱颖而出，成为佛山众多桥梁中最为重要、最具文化意味的“首桥”。[①]

三、广大民众对通济桥的神圣构建

通过口头流传的故事，佛山广大民众从民间叙事的层面，对通济桥的神圣性进行了构建。

关于通济桥的修建和“行通济”民俗活动，佛山民间流传着以下几个故事：

第一个故事，是说很久以前，洛水一带风调雨顺，乡民生活安乐。不料有一年夏天，连日大雨使得河水暴涨，很快便冲垮河堤，附近乡民的房屋和田地被损毁殆尽。

此时有一位术士经过这里，自称可以治住水灾，但须找一个在九月九日出生的九岁男童，乘木船到江心，点烛烧香，然后向苍天三叩九拜，才可以镇住大灾，可乡民们找遍佛山也没有发现符合条件的男童。

第二天，一名农夫带着儿子从郊区赶了过来，说儿子聪仔刚好符合要求，而且熟悉水性。乡民们非常高兴，择吉日派出一只小木船，点上香烛，由聪仔划向江心拜祭苍天。不料小船刚到江心便被巨浪掀翻，聪仔也被卷入水底，过了一会，水面闪现一道金光，咆哮的江水随即平静了下来。

聪仔的爹因为不知儿子死活而失声痛哭，乡民们也很难过。但几天后，聪仔突然奇迹般地回来了，他爹和众乡亲都惊喜不已。

雨过天晴后，在决口的地方突然出现了一座横跨两岸的大木

---

① 陈恩维：《广东佛山市禅城区“行通济”民俗调查报告》，2012年，暂未刊印稿，作者赠阅，在此表示感谢。

桥，乡民们为了颂扬聪仔的纯真和勇敢，便用“聪仔”的粤语谐音“通济”，将这座大桥定名为“通济桥”。

第二个故事，讲述了两位读书人金榜题名后分别修建了通济桥的事迹。其一相传为明代嘉靖年间的霍与瑕。那一年他上京赶考，走到佛山南郊，欲渡河而去，不巧渡头的艄公生病了，不能渡人。但当艄公得知他是要赴京应考时，出于对读书人的尊重，也怕书生耽误了考期，带病将他渡过了河。书生大为感动，并立下誓言：如果高中，将回乡建一座桥，以报艄公，也方便行人。后来，他果真金榜题名，回乡后即实践了诺言。查《明清进士题名碑录索引》[①]，嘉靖三十八年己未科（1559年）霍与瑕列第三甲一百零一名。查之以乡志，所载最早的有关“明嘉靖三十八年己未（1559年）深村堡进士霍与瑕捐修”[②]通济桥的记载，可知民间传说并非空穴来风。其二则是明代万历年间的李待问。万历二十三年（1595年）春末的一天早晨，举人李待问收拾好行李，准备上京参加考试，刚走到离通济桥不远一家店铺前，突起狂风，骤降暴雨，而且老天爷好像没有停歇的意思，躲在这家店铺避雨的李待问心里非常着急，于是就向通济桥默默祈祷：如果现在风雨停息，我应考归来一定重修。刚一默念完，就雨过天晴。殿试题名进士，后又升为户部尚书的李待问果然践行了自己的诺言，出资重修了通济桥。[③]李待问倡修通济桥的事情，佛山地方志中均有记载，可见民间传说与地方志是互为印证的。

---

① 朱保炯、谢沛霖：《明清进士题名碑录索引》，上海古籍出版社，1980，第2544页。

② ［清］吴荣光：《道光·佛山忠义乡志》卷六《乡事·编年》，第3页。

③ 任流：《别样精彩行通济》，中国戏剧出版社，2013，第73—74页。

第三个故事，即所谓仙人留金修桥。李待问重修后的通济桥，到顺治年间已经年久失修，不便行人。有一天，一个和尚经过通济桥，来到附近的茶楼喝茶。他跟小二说，我不要喝茶，你帮我拿一坛酒来。小二提了一坛酒过来，和尚二话没说，就把这坛酒全喝完了。喝完后，和尚似乎是醉了，他一边念叨着“通吾困，济吾贫”，一边踉踉跄跄走出了茶楼，留下一个包裹放在酒桌上。小二连忙追出门外，讨要酒钱，但和尚已不见踪影，他回到茶楼，打开和尚留下的包裹一看，里面全是白花花的银子。茶楼店主赶紧向最有名望的乡绅汇报，后来乡绅就用这些银子重修了通济桥。乡志记载:“顺治己未年白衣庵僧圆朗，将白衣庵改为通济庙。”[①] 这大概是对民间故事版本的间接验证。

第四个故事，是有关祈求子嗣的，说的是古时“行通济”时，有求子心切者到南济观音庙上香、烧纸钱，一边向神祷告，一边闭着眼睛扯庙中大油灯周围悬挂的灯带，因心诚则灵，想要女孩的便扯到红色纸得了女孩，想要男孩的便扯到白色纸带生了男孩，故后来正月十六日凌晨起，前往南济庙摘灯带的妇女很多。

一系列的民间故事传说，增添了通济桥和“行通济”的神秘色彩，逐渐构建起通济桥的神圣化形象，也延伸了通济桥的文化功能。

佛山人多次修建或修缮通济桥，并不断发展其文化功能，使通济桥在佛山众多桥梁中脱颖而出，成为佛山古镇最重要、最显赫、最神圣的“首桥”。古镇原有23座桥，但乡志、县志、府志、省志及其他乡邦文献中记载如此详实全面的桥梁，也仅有“通济桥”而已。事实上，通济桥的兴废，就是佛山明清以来社会经济

---

① ［清］吴荣光:《道光·佛山忠义乡志》卷二《祀典·桥亭铺·南济庙》，第17页。

和城市文化变迁的一个缩影，反映了佛山科甲兴盛、民俗信仰突出的文化特点，也折射了佛山由传统古镇向现代化城市转型过程中的社会变迁。一座通济桥，承载了佛山人太多的光荣与梦想、神圣与世俗、沧桑与变幻。因此，虽然佛山桥梁众多，但佛山人元宵走百病独爱走“通济桥”。[①]

---

① 陈恩维：《广东佛山市禅城区“行通济”民俗调查报告》，2012年，暂未刊印稿，作者赠阅，在此表示感谢。

第五章　佛山走桥习俗刍议

一、“行通济”习俗概况

岭南自古以来就是移民地区,许多传统习俗几乎都来源于中原,现在中原地区有的已经式微甚至消失的习俗，在岭南却被很好地保存了下来。传统习俗既有流传也有变化，元宵节吃汤圆、看花灯是全国大部分地方都有的习俗活动，但佛山的“行通济”却极具珠三角地方特色。“行通济”是一种自觉自愿的行为，几十万人虔诚而热闹地去走同一座桥，祈祷健康，期盼幸福，政府也为其进行周全的保护和有序的引导，这样的习俗特质和规模在全国是很少见的。

佛山正月“行通济”的习俗最早出现在明末清初，清代乾隆年间最为鼎盛，民国年间的小说《西江争雄记》中有描写清中期佛山广大民众“行通济”的场景。①

① ［民国］我是山人:《西江争雄记》,香港陈湘记书局发行,出版年代不详,第1—14页。

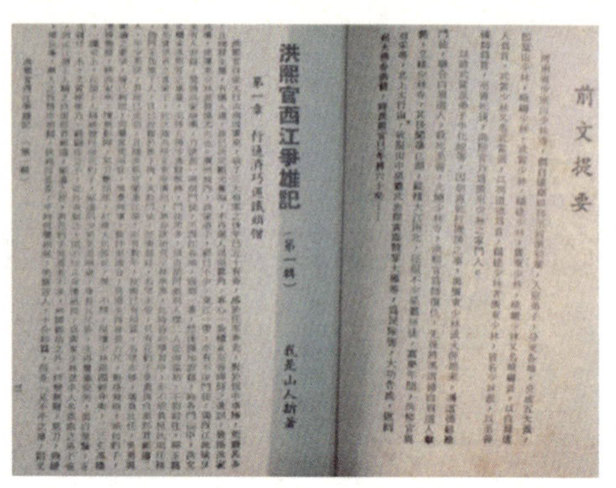
前文提要

洪熙官西江爭雄記（第一輯）

第一章 行通濟巧遇鐵頭僧

《西江争雄记》内页第一章：行通济巧遇铁头僧

另据民国《佛山忠义乡志》的记载：“上元（元宵节），开灯宴，普君墟为灯市……自元旦（春节）为始，他乡皆来买灯，挈灯者鱼贯于道，通济桥边，胜门（现城门头）溪畔，弥望，率灯客矣。”[①]在正月十五晚上吃过汤圆以后，大家在正月十六凌晨时分，就会提着灯笼纷纷涌向通济桥旁，买一把生菜（生财），开始“行通济”，祈求来年没有烦恼，事事如意，来年发财！

“行通济，无闭翳”的俗语原为“正月十六行通济，行过通济无闭翳”[②]，也有“十六行通济，成年无闭翳”[③]的说法，“成年”是“整年”或“年年”的意思，“无闭翳”是广东方言，即“没有疾病、没有忧愁与烦恼”的意思。“行通济”的俗语指出了，人们普遍认为正月十六“行通济”后，年年都会无病、无灾、无忧。后来，一方面为了简洁，一方面为了“行通济”的“口号”能够朗朗上口，便演变成了“行通济，无闭翳”。

“上元（元宵节），开灯宴，普君墟为灯市……自元旦（春节）

---

① ［清］陈炎宗：《乾隆·佛山忠义乡志》，卷六《乡俗志》，第3—4页。

② 佛山市交通局编《佛山市交通志》，出版者不详，1991，第58页。

③ 佛山市城乡建设局编制组编《佛山市城市建设志》，广东科技出版社，1990，第58页。

为始，他乡皆来买灯，挈灯者鱼贯于道，通济桥边，胜门（现城门头）溪畔弥望，率灯客矣。”[①] 人们趁着元宵余兴未尽，于正月十六到通济桥上来游玩。开始人们行走通济桥，只是为了观赏花灯，游览夜市而已。“行通济”祈福的民俗活动，则是后来逐步形成的。

通济桥桥头一端做成 9 级台阶，而桥尾一端做成 13 级台阶，取典当行业的“九出十三归”之意，意即“本小利大”，或“出钱少，进钱多”。后来又将桥头的白衣庵改成南济观音庙，在桥尾建造了通运社坛，取“通运”之意。

几个世纪以来，“行通济”这一民俗文化活动寄托着佛山人的美好愿望。每年的农历正月十五日晚十一点起（即从子时始），到正月十六日晚十一点前，不需任何人出面组织，为了一个共同的心愿，佛山本地及四乡八邻的村民成群结队，扶老携幼，或举着风车，或摇着风铃，或提着生菜，步行至通济桥头，先在南济庙里焚香拜神，祈求丁财两旺。已婚妇女会摘下庙里大灯上悬挂的彩色纸带，购买香烛、纸质金元宝等物品，拾级而上，浩浩荡荡走过通济桥。

人们普遍认为且相信，凡走通济桥者，不论何人，都必须一次从桥头行至桥尾，中途不能停留，更不能折回，否则就不灵验，达不到祛病消灾、求吉纳福的目的。

下桥后，人们会到桥尾的通运社坛去焚香拜社公，求财求福，燃放鞭炮，然后从社坛旁走上大基路，经过南海存院围尾窦旁边（即今同济路）返回家中。桥头两旁的路上，有小商贩摆卖香烛、金元

---

① ［清］陈炎宗：《乾隆·佛山忠义乡志》卷六《乡俗志·上元开灯宴》，佛山市博物馆藏线装书，出版者暂无定论，第 3—4 页。

宝、爆竹、生菜等的小摊档。

20世纪80年代佛山民众“行通济”。任祖年摄

古通济桥横跨佛山涌，是佛山的水上交通要道，无论进京赶考的读书人还是外出经商的生意人，都要经这里走出去。后来佛山商民中便开始有了正月里走走通济桥，讨个好彩头的共同意识，以求来年生意顺利，此习俗逐渐流行，也渐有“行通济，无闭翳”之说。

据史料记载，明代时期的典当行业十分兴盛，而佛山典当行的行规是“九出十三归”，意即值9块钱存当的物品要用13块才能赎回，这一说法也被用来寓意“本小利大”。于是在通济桥的设计上，佛山民众毫不掩饰他们求财、求富的心态：古通济桥桥头的台阶数是 9 级，桥尾的台阶数是 13 级。这也说明“行通济”习俗与当时佛山的社会经济活动是紧密相连的。

民间习俗是传统文化的体现，凡是中国的传统节日，都有很深刻的内涵，它是一个载体，承载了丰富多彩的历史文化和地域特色。

“行通济，无闭翳”的谚语在佛山尽人皆知，意思是走走“通济桥”，就没有烦恼、忧愁，事事顺利，“行通济”这一民间活动寄托着佛山人的美好祝愿。每年的农历正月十五日夜晚到十六日，佛山万人空巷，为了一个共同的企盼，为了同走一座桥，附近南海、三水、高明、顺德的一些村镇的群众也赶来参与“行通济”。这一习俗从明末清初就已开始，家家户户都会扶老携幼，自清晨到夜暮，举着花灯、摇着风铃、提着生菜浩浩荡荡地由北到南走过通济桥。

通济桥牌坊上的木质薄意雕 1：佛山民俗正月十六“行通济、无闭翳”

通济桥牌坊上的木质薄意雕 2：仙人赐福风调雨顺、春安夏泰秋吉冬祥

“行通济，无蔽翳”这种说法具体是怎么来的，已经很难考证。古通济桥两岸建有多座庙宇和社坛，如南济观音庙和通运社坛，每到正月十五子时至十六日，四乡八邻民众就会拎着花灯陆陆续续来到通济桥旁。有的步入桥头观音庙敬香、求幸运签、摘灯带，有的买生菜、风铃，然后举着风铃、提着生菜加入浩浩荡荡的人群走过通济桥。下桥后一般会在桥尾通运社坛里点香烛、焚纸钱、放鞭炮。值得一提的是“行通济”要按照固定的路线行走，否则会被认为不吉利。任流先生在他的长篇小说《行通济》中指出：“到了乾隆年间，行通济之风日趋旺盛，每到正月十六，从清早到午夜，各家各户，携子带女，手举纸制风车、风铃、小花灯，拥到通济桥边，再绕道回家。”①

据民间传说，起初“行通济”是大家族或一家人结伴在一起的集体活动，大概与我国春节拜年的习俗有关，当时家族观念深重，一些大家族嫌传统的上门拜年方式单调且费时，便相约行通济桥，即所谓的“大团拜”。后来随着此习俗深入人心，参与的人数越来越多，突破了以家族或家庭为单元的界限，不论男女老少、工农兵商，都喜欢“行通济”。

岭南自古以来就是移民地区，许多传统习俗都是从中原流传而来，现在有些中原地区已经式微甚至消失的习俗，却在岭南很好地保存了下来。

“过桥”是很早就流行的中原传统文化习俗的一种，如今在河北省的永平地区还有男女交错过桥的风俗，叫做“度百厄”，以祈

---

① 任流：《行通济》，花城出版社，2000，第 2 页。

求消灾祛病。广东民俗专家刘志文曾经说过："过桥消灾不只是佛山独有的风俗，因为过桥消灾是中国各地都有的一种风俗，但叫法不同，有的叫做'走百病''烤百病''消百病'……不仅仅是过桥，妇女们还成群结队地走到城边野外去，祈求祛百病。""传统习俗既有流传也有变化，虽然同是过桥，但佛山的'行通济'却极具珠三角地方特色……佛山的'行通济'有今天的保护状态，在全国都是罕见的。"①

吃汤圆、看花灯是全国各地都有的习俗，是节日里家家户户都会做的事，但"行通济"作为一种集体行为，由民众自发地参与和维护，政府进行有序的引导，几十万人热闹亲密地去走同一条桥，祈祷幸福，期盼来年，这是非常难得的。

进入新世纪，每年正月十五晚上与正月十六凌晨，无数融入了佛山或正在融入佛山的他乡人迈开脚步，熙熙攘攘地涌向通济桥。大家揣着嫩绿的生菜，握着七彩的风车，提着玲珑的花灯，怀着对新年的美好祈盼，一同走过通济桥，迎接新的一年，也走进佛山的幸福新时代。如今的"行通济"与昔日相比已发生了一些变化。比如增添了更多的新内容、新内涵——"行通济"吉祥物中的风车、风铃。1949 年以前市民几乎是"空"手走通济桥的，手里并没有拿风铃或风车，走桥的形式简单而朴素。直到 20 世纪 80 年代左右，一些精明的商人看到了商机，才开始在"行通济"期间兜售风车、风铃。

---

① 吴岚岚、冯璐：《"行通济"源自中原，佛山绽奇葩——访广东省民俗文化研究会会长刘志文》，《佛山日报》2009 年 2 月 9 日第 5 版。

明清时期，佛山出现了人们“行通济”期间自发做善事的现象。不少商家在“行通济”当晚沿途放置点心、茶水，供途人免费享用，有的还免费施衣施药，有些民间团体也自发组织捐款活动，用善款来扶危济困。

中华人民共和国成立后，为了开辟普澜公路，通济桥及桥旁的观音庙被拆掉，“行通济”习俗曾一度废止。

为保护历史文化遗产，弘扬优秀传统文化，佛山市政府在原址附近重建了通济桥。2001年1月建成后的通济桥吸引了更多的民众，许多外地游客甚至华侨和外国友人不远万里来到佛山，积极参与这项民俗活动。

进入新世纪，“行通济”这一古老的民俗焕发了新的生机，并形成了规模盛大的献爱心、捐善款万人行活动。几经沧桑的通济桥在原址上重修后面貌一新，再现了古桥“通七堡之游行，逸客寻春，任得渡头饮马；济万人之来往，曲桥跨水，艳称村尾垂虹”的恢宏气势。

“行通济，无闭翳”，当初建桥是为了让人过河方便，如今桥的使命早已变更，随着附在桥上的民间传说的流传，通济桥已成为佛山人心目中的福祥之地，“行通济”更成为佛山重要的民俗活动之一。祈福、募捐、游玩等种种景象，汇集成一幅令人心旷神怡的古镇风情画卷——“岭南清明上河图”。

二、“行通济”习俗的历史来源

（一）北方、江南等地走桥及其衍生习俗

凡有桥的地方，三五成群结伴而过，是为渡厄，俗称“走桥”。人们在正月十五前后走桥，主要是奔着祈福、消灾、求嗣、祛病的

愿望去的，佛山民众走通济桥的习俗也不例外，是北方走百病习俗在南方的另一种表现形式。除了走桥习俗外，还有其他衍生习俗，如摸门钉、偷青、烤百病等。

1. 走桥或走三桥习俗

走桥，又叫“渡厄”“走三桥”“走百病”“游桥”“游百病”“走桥渡厄”“走平安路”“游安”等，地域不同，名称迥异，内容却大同小异。“走桥习俗的基本目的，是祛病与渡厄。”[①] 与该习俗有关的其他祈福活动或者说有些地方从该项习俗衍生出的相关习俗，还有“摸门钉”“摸桥柱”“拣桥砖”等。

据周星教授的研究，走桥习俗起源甚早，或许在唐代已有之。[②] 对元夕走桥习俗有明确记载的是明代刘侗、于奕正撰写的《帝京景物略》：“（正月）八日至十八日……妇女着白绫衫，队而宵行，谓无腰腿诸疾，曰走桥。至城各门，手暗触钉，谓男子祥，曰摸钉儿。”[③]

走桥，是民间传统的消疾苦、祈健康活动，明代时已盛行于华北民间。在明代诗歌和地方志中均有相关描述。此俗的基本内容，万历年间沈榜《宛署杂记·民风一》[④] 中有概述：“走桥摸钉，祛百病，正月十六夜，妇女群游祈免灾咎，前令一人持香辟人，名曰走百病。凡有桥之所，三五相率一过，取渡厄之意。或云经岁令无百病，暗中举手摸城门钉一，摸中者，以为吉兆。是夜驰禁，正阳

① 周星：《境界与象征——桥和民俗》，上海文艺出版社，1998，第 80 页。

② 周星：《境界与象征——桥和民俗》，上海文艺出版社，1998，第 80 页。

③ [明]刘侗、于奕正：《帝京景物略》卷二《春场》，北京古籍出版社，1980，第 57 页。

④ [明]沈榜：《宛署杂记》卷六《民风一》，北京古籍出版社，1980，第 190 页。

门、崇文门、宣武门俱不闭，任民往来。厂卫校尉巡守达旦。”部分地区还有登城、上庙、炙病、摸石等俗，亦属大同小异者。

弘治年间进士周用的《走百病行》[①]中描写了走百病的参与群体、目的和愿望。其一，主要群体为妇女：“都城灯市由来盛，大家小家同节令。诸姨新妇领小姑，相约梳妆走百病。”其二，主要目的为祛百病：“俗言此夜鬼穴空，百病尽归尘土中。不然今年且多病，臂枯眼暗兼头风。”其三，愿望为祈盼来年无病无灾：“踏穿街头双绣履，胜饮医方二钟水。谁家老妇不出门，折足蹒跚曲房里。今年走健如去年，更期明年天有缘。蕲州艾叶一寸火，只向他人肉上然。”

一开始，走桥习俗的参与人群主要以妇女儿童为主，是妇女群体的专利，男子要回避，所以正德年间“十六夜，男子稍避，妇女聚出，或探亲、抛桥、谒庙，名曰‘走百病’”[②]。嘉靖年间“妇女相邀，成队宵行，名曰‘走百病’”[③]。崇祯年间“妇女相率宵行，以消疾病，曰走百病，又曰走桥”[④]。其中引蓟州张宿《走百病》诗云：“白绫衫照月光殊，走过桥来百病无。”[⑤]《北京风俗杂咏》引高士奇《灯市竹枝词》云：“鸦髻盘云插翠翘，葱绫浅斗月华娇。夜深结伴门前过，消病春风去走桥。”下注曰：“正月十六夜，京

① ［明］周用：《走百病行》，见［明］刘侗、于奕正：《帝京景物略》卷二《春场》，北京古籍出版社，1980，第68页。

② 《琼台志》，1964年上海古籍书店据宁波天一阁藏明正德刻本影印，引自《中国地方志民俗资料汇编》（中南卷），书目文献出版社，1992，第1098页。

③ 《常德府志》，1964年上海古籍书店据宁波天一阁藏明嘉靖刻本影印，引自《中国地方志民俗资料汇编》（中南卷），书目文献出版社，1992，第649页。

④ ［明］刘侗、于奕正：《帝京景物略》卷二《灯市》，北京古籍出版社，1980，第57页。

⑤ ［明］刘侗、于奕正：《帝京景物略》卷二《春场》，北京古籍出版社，1980，第75页。

师妇女行游街市，名曰走桥，消百病也。”[①]

但参与该活动的群体也会因时代和地域的不同而有所区别，有时也不乏男人的身影：“萧鼓声闻，灯火谜望，士女以类夜行（谚云‘走百病’）”[②]，男男女女分别结伴而行。在山东，有的县市也是男女同时走百病，或谓之走老貌。

以描写明代民俗风情见长的《金瓶梅》中也有元宵节走百病的风俗，而且男女无别，是书中着墨最多的一个节日。其中尤以第二十四回《敬济元夜戏娇姿，惠祥怒詈来旺妇》的走百病最为详细，主要是描写合家欢乐饮酒过后，陈敬济带着妇女们出门走百病、放焰火、观灯、探亲的情景。元宵夜“三个妇人，带领着一簇男女，来安、画童两个小厮，打着一对纱吊灯跟随”；“后来陈敬济带着众人走百病儿去”。一路又放焰火，又观灯，还去看了李瓶儿。回来后，潘金莲等人“走到家门首，只听见住房子的韩回子老婆韩嫂儿声唤。”原来她跟人走百病去了，家中无人，被人剜开门偷了狗及其他一些东西。而陈敬济与众妇人一路嬉戏，一改在家中的长幼尊卑的肃穆气氛：“却说那陈敬济因走百病，与金莲等众妇人嘲戏了一路儿。”[③]由此不难看出，明代的走百病活动是非常普遍和盛行的。第十五回、第四十一回和第七十八回中也有7次直接提到“走百病”。

由此可见，走桥在北方、江南的情形大致相同，名目有“走百病”“踏太平”“走云桥”“走桥摸钉”等，缘当地民众的祈愿而定。

---

① 孙殿起辑、雷梦水编：《北京风俗杂咏》，北京古籍出版社，1983，第23页。

② 《正德江宁县志》，明抄本，引自《中国地方志民俗资料汇编》（华东卷），书目文献出版社，1992，第363页。

③ ［明］兰陵笑笑生：《金瓶梅》，齐鲁书社，2004，第136—138页。

在传统社会中，所谓“走百病”，也叫“走桥”：“妇女相率而行，以消疾病，曰走百病，又曰走桥”[①]，是指参与群体主要以妇女为主的一种求福避灾的集体活动，多在元宵（或正月十六夜），明清时期尤为盛行。康熙年间“元宵前后，赏灯夜饮，金吾梦池。民间击太平鼓，跳百索。妇女结伴游行，过津梁，曰：‘走百病’”[②]。

走百病在民间是很讲究的，必须在特定时间进行，妇女们聚集在一起，或走墙边，或过桥或走郊外，目的就是驱病除灾。这是一种祈福消灾的活动。人们普遍认为，在走百病时，还要“摸门钉”，方能求福祛疾、丁财两旺。“摸门钉”是祈求子嗣的活动，是指到寺观烧香拜神后，用手触摸庙门上的门钉，以此来祈盼家中人丁兴旺，也有摸城门钉的，该活动群体一般主要由已婚妇女组成，不管是未孕、已孕还是已育。

中国古代以各种各样的礼教对妇女进行身心的束缚，但在元宵节这天，均暂时解脱对妇女的种种限制和束缚，允许其离开闺房外出参与娱乐活动。就这样，在元宵节妇女结伴来到郊外或村外走桥，来回路线也重复，据说可治病强身，抖去晦气，祈免灾咎等，所以叫“走百病”或“走桥”。

江南水乡，水多桥多，围绕“水”和“桥”的习俗自然很多，“走三桥”便是江南元宵节期间的习俗。

在江南，人们认为祈福消灾需走过三座不同的桥，不能多也不能少，否则就不灵验，达不到祛病消灾的目的，此习俗在清代顾禄

---

① ［明］刘侗、于奕正：《帝京景物略》卷二《灯市》，北京古籍出版社，1980，第63页。

② 《大兴县志》，清抄本，引自《中国地方志民俗资料汇编》（华北卷），书目文献出版社，1992，第32页。

的《清嘉录》里有记载："元夕，妇女相率宵行，以却疾病。必历三桥而止，谓之'走三桥'。"[①] 明清时期的上海，由于桥少，正月十五人们纷纷来走望云桥，因其有三个桥洞，人们从桥上走过，就如同走过了三座桥。

明代陆伸《走三桥》诗云："细娘分付后庭鸡，不到天明莫浪啼。走遍三桥灯已落，却嫌罗袜污春泥。"[②]

旧时，江南苏州同里古镇的居民结婚，娶亲队伍都要抬着花轿走三桥，老人过66岁生日，当天午餐后要走三桥，婴儿满月也要由其母亲抱在怀里走三桥。走时，一般是遵循吉利桥、太平桥、长庆桥的先后顺序，绕行一周，不走回头路。在婚俗上，新郎背着新娘过第一座桥，然后抱着新娘过第二座桥，最后牵着新娘的手过第三座桥。

随着社会的发展，"走三桥"不再是专属于妇女群体的习俗，它除了是元宵节的保留节目，还被赋予了虔诚的期盼：小孩子走三桥，聪明又伶俐；大姑娘走三桥，美丽又大方；小伙子走三桥，前程无限好；老人走三桥，寿比南山高；新人走三桥，白头同偕老。如今，同里人又将"走三桥"赋予了新的内涵：即走过太平桥，一年四季身体好；走过吉利桥，生意兴隆步步高；走过长庆桥，青春长驻永不老……每有居民婚娶，更是要让新娘、新郎在鼓乐声中抬着花轿过三桥，保佑夫妻白头偕老。

同里"走三桥"习俗不仅仅只在元宵节的时候才进行，居民婚宴喜事、生日庆贺、婴儿满月等都要"走三桥"。作为一处景点，

① ［清］顾禄：《清嘉录》卷一《走三桥》，中华书局，2008，第58页。

② ［清］顾禄：《清嘉录》卷一《走三桥》，中华书局，2008，第58页。

它更是越来越受到前来同里游玩的客人的欢迎。就连时尚前卫的玫瑰婚礼也恋上了这“走三桥”的传统，将其作为玫瑰婚典的一道必经仪式。游客们到了同里都要走走三桥，把“走三桥”作为一个必不可少的节目，又说又笑，上桥下桥，下桥上桥，一边欣赏水乡古桥临波独立的风姿，一边带着一份美好的祝福在桥上行走，在不经意中享受一份实实在在的快活。①

2. 求吉习俗：走百病、散百病、烤百病

元宵节除了庆祝活动外，还有信仰性的活动。那就是走百病，又称“烤百病”“散百病”“遛百病”，属于古代元宵（或正月十六夜）妇女避灾求福的一种民俗活动，明清时尤为盛行，参与者多为妇女，她们结伴而行或走墙边，或过桥过走郊外，目的是驱病除灾。

走百病是明清以来在北方盛行的风俗，后来传至全国各地。多在十六日进行，也有的在十五日。这天妇女们穿着节日盛装，成群结队走出家门，走桥渡厄，登城，摸钉求子，直到夜半始归。历史上还有“窄窄弓鞋步步娇，银花火树过元宵，出门不为寻亲友，一走能将百病消”②的诗句。

走百病中的“行桥”，其本来的功利目的在于“渡厄”，即化解凶灾，祈求平安。“桥”让人们从此岸到达彼岸，本身具有“顺利”“通达”“如意”等象征意义。一切困厄、苦难、凶险、灾祸

① 徐锋：《走三桥》，《文汇报》2005 年 2 月 23 日第 6 版。

② ［民国］冯文洵：《丙寅天津竹枝词》，抄本，2009 秋季天津古籍善本拍卖会拍卖品：冯文洵与《丙寅天津竹枝词》。另见：高伟的博文：竹枝词欣赏，http://blog.sina.com.cn/gaowei3568

都需要借助神力，将其化解，使之成为吉祥、康健的契机，这就是所谓的“渡”，而“渡”的场所或“法门”自然就是“桥”了。

明代《上元·走百病上城头》：“姐妹元宵结伴游，金吾不禁登城头。走出深闺祛百病，胜到岳阳万丈楼。”六对山人《锦城竹枝词》：“为游百病走周遭，约束簪裙总取牢。偏有凤鞋端瘦极，不扶也上女墙高。”描写当时成都妇女在元宵夜遍游城墙为乐事。采自王弘力《古代风俗百图》①

① 王弘力：《古代风俗百图》，辽宁美术出版社，2006，第 25 页。

明清时，北京等地正月十五日，妇女夜间约齐外出行走，一人持香前导，且须去桥，谓可健身却病。月光皎洁的上元之夜人们提着自制的兔子灯游走过三座桥的情景，和着清风歌唱，伴着月光舞蹈。“行过三座桥，一年病灾消。”

在北京，顺天府“十三日至十六日，妇女相率宵行，以消疾病，曰‘走百病’。至各门，手暗触钉，谓男子祥，曰‘摸钉儿’。（按：《宛署杂记》：‘其夜，妇女群游，祈免灾咎，前一人持香辟人，名曰走百病。凡有桥处，三五相率以过，谓之度厄。’《北京岁华记》：‘手携钱贿门军，摸门锁，云即生男。’《陈检讨集·燕京风俗》：‘元夜，妇女竞往前门摸钉为戏，相传谶宜男也。’）”[①]

而宛平县“男妇率于是夕（元宵）结伴游行，亲邻相过从，至城门下模（摸）钉儿，过津梁，曰‘走桥儿’，又曰‘走百病’”[②]。怀柔县“元宵，张灯，走百病”[③]。顺义县“十六夜，男妇各盛腹游街，谓之‘走百病’，俗云‘走桥儿’”[④]。另外还有“上元，烧柴烤身体四肢，谓之‘去百病’”[⑤]。平谷县“十六日，士民群

---

① 《顺天府志》，清光绪二十八年重印本，引自《中国地方志民俗资料汇编·华北卷》，书目文献出版社，1989，第3页。

② 《宛平县志》，具体年代不详，抄本，引自《中国地方志民俗资料汇编·华北卷》，书目文献出版社，1989，第14页。

③ 《怀柔县新志》，民国二十四年铅印本，引自《中国地方志民俗资料汇编·华北卷》，书目文献出版社，1989，第18页。

④ 《顺义县志》，民国四年铅印本，引自《中国地方志民俗资料汇编·华北卷》，书目文献出版社，1989，第20页。

⑤ 《顺义县志》，民国二十二年铅印本，引自《中国地方志民俗资料汇编·华北卷》，书目文献出版社，1989，第23页。

游过桥，俗云‘散百病’”①。通州“自十三至十六，男女各游街市观灯，曰‘走百病’”②。大兴县“元宵前后，妇女结伴游行，过津梁，曰‘走百病’”③。良乡县“十六日，携酒肴往燎石冈绕塔，俗云‘走百病’”④。

在天津卫，“上元日，通衢张灯结彩，放花炬。妇女群游，曰‘走百病’”⑤。天津府与天津卫相同，其辖下的青县“十六日，病妇陶灸，过桥。”南皮县“十六日，结伴游寺庙，登阁，走桥，日旰始散，谓之‘遣百病’。”庆云县“男女出游，走百病，放路灯”⑥。天津“十六日，妇女出行，曰‘走百病’”⑦。蓟州“元宵，设宴张灯，花炮为乐。妇女出游，名为‘走百病’”⑧。蓟县与之相同。武清县“十六日，男妇胜服街游，谓之‘走百病’”⑨。宁河县“十六

---

① 《平谷县志》，民国二十三年铅印本，引自《中国地方志民俗资料汇编·华北卷》，书目文献出版社，1989，第25页。

② 《通州志》，清光绪五年刻本，引自《中国地方志民俗资料汇编·华北卷》，书目文献出版社，1989，第26页。

③ 《大兴县志》，具体年代不详，抄本，引自《中国地方志民俗资料汇编·华北卷》，书目文献出版社，1989，第32页。

④ 《良乡县志》，清康熙三十九年刻本，引自《中国地方志民俗资料汇编·华北卷》，书目文献出版社，1989，第37页。

⑤ 《天津卫志》，民国二十三年易社校印清康熙十三年本，引自《中国地方志民俗资料汇编·华北卷》，书目文献出版社，1989，第41页。

⑥ 《天津府志》，清光绪二十五年刻本，引自《中国地方志民俗资料汇编·华北卷》，书目文献出版社，1989，第42—46页。

⑦ 《天津志略》，民国二十年铅印本，引自《中国地方志民俗资料汇编·华北卷》，书目文献出版社，1989，第52页。

⑧ 《蓟州志》，清康熙四十三年刻本，引自《中国地方志民俗资料汇编·华北卷》，书目文献出版社，1989，第56页。

⑨ 《武清县志》，清乾隆七年刻本，引自《中国地方志民俗资料汇编·华北卷》，书目文献出版社，1989，第65页。

日，妇女相携走桥、摸钉，以消灾”[①]。

河北真定县“十六日，结伴游寺观庙宇，走马斗鸡，蹴鞠玩钱，日旰始散，谓之‘遣百病’”[②]。束鹿县“十六日，男女群游，曰‘散百病’”[③]。晋县“十二日（或十六日），悬灯后，妇孺游街，谓之‘散百病’。”[④]。其另一种版本的记载是：“十五，男女结队，游行月下，曰‘走百病’”[⑤]。

藁城县“初十日，儿童收敛敝帚等物，门外焚烧，俗谓‘烤十字火’，可却百病。十五、十六两夜，烤柏枝火，取意百龄之意”[⑥]。高邑县“十六日晚，堆柏叶于门首，引火焚之，围烘取暖，谓能‘除百病’”[⑦]。赵州“元宵，游行为乐，谓‘散百病’”[⑧]。新乐县“十六日，士女结伴出游，谓之‘游百病’”[⑨]。深泽县“元宵，男女群游，

---

① 《宁河县志》，清乾隆四十四年刻本，引自《中国地方志民俗资料汇编·华北卷》，书目文献出版社，1989，第 78 页。

② 《真定县志》，清顺治三年刻本，引自《中国地方志民俗资料汇编·华北卷》，书目文献出版社，1989，第 81—82 页。

③ 《束鹿县志》，清嘉庆四年刻本，引自《中国地方志民俗资料汇编·华北卷》，书目文献出版社，1989，第 86 页。

④ 《晋县志》，民国十六年石印本，引自《中国地方志民俗资料汇编·华北卷》，书目文献出版社，1989，第 88 页。

⑤ 《晋县志料》，民国二十四年石印本，引自《中国地方志民俗资料汇编·华北卷》，书目文献出版社，1989，第 90 页。

⑥ 《藁城县志》，民国二十二年铅印本，引自《中国地方志民俗资料汇编·华北卷》，书目文献出版社，1989，第 101 页。

⑦ 《高邑县志》，民国三十年铅印本，引自《中国地方志民俗资料汇编·华北卷》，书目文献出版社，1989，第 103 页。

⑧ 《赵州志》，民国二十八年铅印本，引自《中国地方志民俗资料汇编·华北卷》，书目文献出版社，1989，第 111 页。

⑨ 《新乐县志》，民国二十八年铅印本，引自《中国地方志民俗资料汇编·华北卷》，书目文献出版社，1989，第 113 页。

曰‘散百病’”[①]。宣化县“十六日，士女登城游，谓之‘游百病’”[②]。赤城县“上元，设九曲黄河图，擎灯三百六十一盏，男女于中穿逐，谓之‘走百病’”[③]。龙门县与之基本相同：“自十四至十六三日夜为度，县城及各堡多建灯厂，病立木竿曲折环绕，擎灯三百六十一盏，名‘九曲黄河灯’，男女中夜串游，名为‘去百病’”[④]。

蔚州“十六日，游郊，除百病”[⑤]。怀安县与赤城县、龙门县基本相同：“上元，城外大屯堡立竹木，设九曲黄河图，制灯三百六十一盏，名‘九曲灯’。男女中夜穿逐，谓之‘走百病’”[⑥]。万全县“上元，设黄河九曲灯，男女竟夜观游，名为‘走百病’”[⑦]。到民国时期则是“翌日（十六日），男女老幼皆登高游览，谓之‘走百病’”[⑧]。永平府“上元夕，男女群游，谓‘走百病’。既望，

---

① 《深泽县志》，民国二十五年重印清同治元年刻本，引自《中国地方志民俗资料汇编·华北卷》，书目文献出版社，1989，第115页。

② 《宣化县新志》，民国十一年铅印本，引自《中国地方志民俗资料汇编·华北卷》，书目文献出版社，1989，第135页。

③ 《赤城县志》，清乾隆十二年刻本，引自《中国地方志民俗资料汇编·华北卷》，书目文献出版社，1989，第137页。

④ 《龙门县志》，清康熙五十一年刻本，引自《中国地方志民俗资料汇编·华北卷》，书目文献出版社，1989，第138页。

⑤ 《蔚县志》，清光绪三年刻本，引自《中国地方志民俗资料汇编·华北卷》，书目文献出版社，1989，第142页。

⑥ 《怀安县志》，清光绪二年刻本，引自《中国地方志民俗资料汇编·华北卷》，书目文献出版社，1989，第191页。

⑦ 《万全县志》清道光十四年增刻乾隆十年本，引自《中国地方志民俗资料汇编·华北卷》，书目文献出版社，1989，第197页。

⑧ 《万全县志》，民国二十三年铅印本，引自《中国地方志民俗资料汇编·华北卷》，书目文献出版社，1989，第206页。

妇女交错度桥，谓‘度百厄’”①。

昌黎县“十四、五、六日，名‘元宵节’，妇女群游，谓之‘走百病’”②。直隶遵化州“上元，昼则男妇群游，曰‘走百病’”③。而《遵化通志》记载：“上元，昼则四乡男妇多入城登眺，曰‘走百病’”④。抚宁县“上元，张灯，放烟火，戏秋千，妇女走百病”⑤。滦州“至十四、五、六等日，日则妇女群游，谓之‘走百病’”⑥。丰润县“元宵，男女出游，以散百病”⑦。保定府“十六日，男女众游，曰‘散百病’”⑧。涞水县“元宵，挂彩张灯于街巷，士女登城走桥，前后三日，以散百病”⑨。

涿州“正月十六夜，妇女群出门走桥，不过桥者，云不得长寿”“元夕，妇女相率消行，以消疾病，曰‘走百病’，又曰‘走桥’。旧

---

① 《永平府志》，清乾隆三十九年刻本，引自《中国地方志民俗资料汇编·华北卷》，书目文献出版社，1989，第224页。

② 《昌黎县志》，民国二十二年铅印本，引自《中国地方志民俗资料汇编·华北卷》，书目文献出版社，1989，第231页。

③ 《直隶遵化州志》，清乾隆五十九年刻本，引自《中国地方志民俗资料汇编·华北卷》，书目文献出版社，1989，第245页。

④ 《遵化通志》，清光绪十二年刻本，引自《中国地方志民俗资料汇编·华北卷》，书目文献出版社，1989，第247页。

⑤ 《抚宁县志》，清光绪三年刻本，引自《中国地方志民俗资料汇编·华北卷》，书目文献出版社，1989，第255页。

⑥ 《滦州志》，清嘉庆十五年刻本，引自《中国地方志民俗资料汇编·华北卷》，书目文献出版社，1989，第261页。

⑦ 《丰润县志》，民国十年铅印本，引自《中国地方志民俗资料汇编·华北卷》，书目文献出版社，1989，第278页。

⑧ 《保定府志》，清光绪十二年刻本，引自《中国地方志民俗资料汇编·华北卷》，书目文献出版社，1989，第306页。

⑨ 《涞水县志》，清光绪二十一年刻本，引自《中国地方志民俗资料汇编·华北卷》，书目文献出版社，1989，第310页。

志："纷纷轿马俱至西郊，将近河桥乃下轿马，步过之，谓之'走百病'"[1]。定县"十六日，出门选胜，曰'游百病'，及夜，烤柏枝火，以祓（fú）除不祥"[2]。阜平县"（元宵）次日，妇女出游，折柏叶插鬓，谓之'除百病'"[3]。易州"元宵晚，妇女登城走桥，前后三日。男妇群游，称曰'散百病'"[4]。雄县"十六日，妇聚窑，以艾灸患处，曰'陶灸'；至暮，过瓦桥度厄，或投瓦桥下"[5]。祁州"上元日，男女群游，俗曰'散百病'"[6]。

望都县"十六日，妇女易新衣，出门游览，曰'走百病'"[7]。河间县"十六日，病妇陶灸、过桥"[8]。沧州"上元，张灯，放花炬，妇女群游，曰'走百病'"[9]。盐山县"十六日，出门选胜，谓之'走

---

① 《涿州志》，清光绪元年刻本，引自《中国地方志民俗资料汇编·华北卷》，书目文献出版社，1989，第310—311页。

② 《定县志》，民国二十三年刻本，引自《中国地方志民俗资料汇编·华北卷》，书目文献出版社，1989，第326页。

③ 《阜平县志》，清同治十三年刻本，引自《中国地方志民俗资料汇编·华北卷》，书目文献出版社，1989，第327页。

④ 《易州志》，清乾隆十二年刻本，引自《中国地方志民俗资料汇编·华北卷》，书目文献出版社，1989，第329页。

⑤ 《雄县新志》，民国十八年铅印本，引自《中国地方志民俗资料汇编·华北卷》，书目文献出版社，1989，第336页。

⑥ 《祁州志》，清乾隆二十一年刻本，引自《中国地方志民俗资料汇编·华北卷》，书目文献出版社，1989，第346页。

⑦ 《望都县志》，民国二十三年铅印本，引自《中国地方志民俗资料汇编·华北卷》，书目文献出版社，1989，第348页。

⑧ 《河间县志》，清乾隆二十五年刻本，引自《中国地方志民俗资料汇编·华北卷》，书目文献出版社，1989，第361页。

⑨ 《沧州志》，清乾隆八年刻本，引自《中国地方志民俗资料汇编·华北卷》，书目文献出版社，1989，第363页。

百病’”[①]。吴桥县“十六日，妇女咸登城，谓‘走百病’”[②]。东光县“元宵，四乡游观，曰‘走百病’”[③]。肃宁县“十六日，妇女挈伴游历诸所在桥，曰‘走百病’”[④]。交河县“十六日结伴游寺庙、登阁走桥，日旰始散，谓之‘遣百病’”[⑤]。青县“十六日，病妇陶灸、过桥”[⑥]。“十六日，结伴夜游，谓之‘遣百病’”[⑦]。

南皮县“十六日，结伴游寺庙，登阁走桥，日旰始散，谓之‘遣百病’”[⑧]。任邱县“上元赏灯，前后三日，放烟火，上天妃庙，走百病”[⑨]。衡水县“上元次日夕，观灯、过桥，喧填街巷，谓之‘走百病’”[⑩]。景州“十六日，走百病，请紫姑神卜休咎”[⑪]。枣强县“十六

① 《盐山县志》，清同治七年京都文采斋刻本，引自《中国地方志民俗资料汇编·华北卷》，书目文献出版社，1989，第 379 页。

② 《吴桥县志》，清光绪元年刻本，引自《中国地方志民俗资料汇编·华北卷》，书目文献出版社，1989，第 385 页。

③ 《东光县志》，清光绪十四年刻本，引自《中国地方志民俗资料汇编·华北卷》，书目文献出版社，1989，第 387 页。

④ 《肃宁县志》，清乾隆二十一年刻本，引自《中国地方志民俗资料汇编·华北卷》，书目文献出版社，1989，第 391 页。

⑤ 《交河县志》，民国五年刻本，引自《中国地方志民俗资料汇编·华北卷》，书目文献出版社，1989，第 393 页。

⑥ 《青县志》，清光绪八年刻本，引自《中国地方志民俗资料汇编·华北卷》，书目文献出版社，1989，第 396 页。

⑦ 《青县志》，民国二十年铅印本，引自《中国地方志民俗资料汇编·华北卷》，书目文献出版社，1989，第 397 页。

⑧ 《南皮县志》，清光绪十四年刻本，引自《中国地方志民俗资料汇编·华北卷》，书目文献出版社，1989，第 401 页。

⑨ 《任邱县志》，清乾隆二十七年刻本，引自《中国地方志民俗资料汇编·华北卷》，书目文献出版社，1989，第 407 页。

⑩ 《衡水县志》，清乾隆三十二年刻本，引自《中国地方志民俗资料汇编·华北卷》，书目文献出版社，1989，第 411 页。

⑪ 《景州志》，清乾隆十年刻本，引自《中国地方志民俗资料汇编·华北卷》，书目文献出版社，1989，第 412 页。

日，士民相与游行胜地，谓之‘走百病’”[①]。

烤百病是华北平原乡村的一个风俗，“上元，烧柴烤身体四肢，谓之‘去百病’”[②]。正月十六这一天，大人、孩子会收集许多柴草、树枝，再加上一些穿坏了的鞋（取“鞋”与“邪”的谐音）等，到晚上点燃，供大家来烤百病，意愿是把自己身上的病魔烤走，一年不生病，这是正月里最后一件隆重的事。“烤百病”取“用火一烤，百病不生”之意，“烤百病”时也有讲究，身前身后脑袋腿脚都要烤到，让病魔无处躲藏。有的人还会念念有词，如“烤烤前，身体健；烤烤后，毛病走；烤烤脸，不揭短；烤烤屁（股），不生气”。

正月十六清早，邯郸城乡有烤百病的习俗。天不亮，大人、小孩便从自己家里抱来柴禾等，在村中空地上点上，人们围住火堆烤火，嘴里还念着：“烤烤手，不手疼；烤烤腿，不腿疼”。

烤火的同时，妇女还把自己家的灶灰、垃圾等物倒在路旁，这叫倒穷灰；男人则从外面背半筐子新土倒在家中，这叫攉（kuǎi）富土。

太阳出来了，火烤的差不多了，青年男女便成群结队，围着城墙、寨墙或村舍走，这叫“沿城”：“沿沿城，不腿疼”，以此祈求健康。

冀中平原与太行山区略有区别，烤百病是在正月十六傍晚进行。大都是孩子们捡柴禾，大人们跟着烤。白天下午就捡好了，等天黑了就开始烤。多在村边、野地、十字街等开阔地带，可能是为了防

① 《枣强县志》，清嘉庆九年刻本，引自《中国地方志民俗资料汇编·华北卷》，书目文献出版社，1989，第 413 页。

② 《顺义县志》，民国二十二年铅印本，引自《中国地方志民俗资料汇编·华北卷》，书目文献出版社，1989，第 23 页。

止发生火灾。烤火时也边烤边念叨：“烤烤脚，长得好；烤考脸，不长癣；烤烤屁股，长得齐楚；烤烤首（手），百病走；烤烤身子，不长虱子。”等。

在东北的辽宁，据《柳边纪略》载：“（正月）十六日，满洲妇女群步平沙，曰‘走百病’；或联袂打滚，曰‘脱晦气’。”[①]同样的记载也见于《全辽备考》[②]。奉天“（正月）十六日，妇女于日暮结伴至空地步行一周，或至邻家小坐而回，名曰‘走百病’。又用灯笼遍照室内暗陬及庭院僻处，曰‘照贼’（按：因此日纵偷而不究，故家家防范，见《松漠纪闻》）”[③]。

海城县“（正月）十五、十六二日，士女游街巷间或赴戚友处，名曰‘走百病’”[④]。开原县“元宵，鸣金鼓，放火树，挂灯烛。群游过桥，曰‘散百病’”[⑤]。西丰县“是日（正月十五日），俗称‘走百冰日’，妇女多作滑冰戏，谓如此游行，可以不生百病也”[⑥]。凤城县“（正月）十六日，近河泡者，妇孺驶行冰上，名曰‘走百病’

① 《柳边纪略》，民国二十至二十三年金毓黻辑辽海书社铅印《辽海丛书》本，引自《中国地方志民俗资料汇编·东北卷》，书目文献出版社，1989，第3页。

② 《全辽备考》，民国二十至二十三年金毓黻辑辽海书社铅印《辽海丛书》本，引自《中国地方志民俗资料汇编·东北卷》，书目文献出版社，1989，第4页。

③ 《奉天通志》，民国二十三年铅印本，引自《中国地方志民俗资料汇编·东北卷》，书目文献出版社，1989，第24页。

④ 《海城县志》，1937年铅印本，引自《中国地方志民俗资料汇编·东北卷》，书目文献出版社，1989，第75页。

⑤ 《开原县志》，清咸丰七年刻本，引自《中国地方志民俗资料汇编·东北卷》，书目文献出版社，1989，第117页。

⑥ 《西丰县志》，民国二十七年铅印本，引自《中国地方志民俗资料汇编·东北卷》，书目文献出版社，1989，第130页。

（按：概取‘百冰’‘白冰’与‘百病’之谐音）”[①]。义县“（正月）十六日，女士登城或游街巷间，名曰‘走百病’”[②]。

另据《吉林通志》记载：“是日（正月十五日），男女出游，填塞衢巷，或步平沙，谓之‘走百病’”[③]辑安县“正月十五日为上元节，家家庆贺，通衢悬灯结彩。每薄暮，游人杂沓，各家妇女艳妆鲜服，游行街市，络绎不绝，谓之‘逛灯’，并谓之‘走百病’，一年可以无病云。”[④]

华东地区，如山东德州妇女登上南城门，走到大寺阁，俗谚：“爬爬城，不腰疼。”黄县（今龙口市）“妇女相邀群行，过西关月阳桥，谓之‘走百病’”[⑤]。莒县农村男女老少都要到野外走一走，谓之“走老貌”[⑥]，据说每年走一次可以青春常在，永不衰老。

鄄城的人们一大早就到村外散步，甚至骑上牛、马、驴、骡在大路上奔跑，谓之“跑百令”，谚曰：“跑一跑，不见老。”类同走老貌。有的地方人们登高远眺，也有的人在家灸衣带，谓之“灸百病”。潍县（今潍城区）的走百病最有特色，十六日这天，妇女

---

① 《凤城县志》，民国十年石印本，引自《中国地方志民俗资料汇编·东北卷》，书目文献出版社，1989，第176页。

② 《义县志》，民国二十年铅印本，引自《中国地方志民俗资料汇编·东北卷》，书目文献出版社，1989，第205页。

③ 《吉林通志》，清光绪十七年刻本，引自《中国地方志民俗资料汇编·东北卷》，书目文献出版社，1989，第251页。

④ 《辑安县志》，民国二十年石印本，引自《中国地方志民俗资料汇编·东北卷》，书目文献出版社，1989，第337页。

⑤ 《黄县志》，清乾隆二十一年刻本，引自《中国地方志民俗资料汇编·华东卷》，书目文献出版社，1995，第223页。

⑥ 《莒州志》，清嘉庆元年刻本，引自《中国地方志民俗资料汇编·华东卷》，书目文献出版社，1995，第265页。

进香到东北城上的真武祠，先在暗中摩弄真武大帝陪神赵玄坛所跨的木虎，俗称“老猫”，据说摸摸老猫，一年不生疾病；又在神祠庭前以艾灸左右两个石人，据说灸石老、石婆，一年不生疮疖，总称“跑老猫”。民国《潍县志稿》中有一首《潍县竹枝词》说：“新正节始过元宵，结队城头跑老猫，为乞一年百无病，艾香争把石人烧。”①

高密等地树禾秸为九曲黄河形，儿童在迷宫般的通道中奔跑嬉逐，称“跑黄河”。邹城于十六日往孟庙康熙碑亭摸驮碑，当地走百病有谚谣：“摸摸驮的头，永远不知愁，摸摸驮的腚，永远不害病。”

3. 求嗣习俗：摸门钉、偷青、摘花、摘灯带

人们普遍认为，在“走桥、走百病”时，还要“摸门钉”，有的地方还有偷青、摘花、摘灯带等衍生习俗，惟有如此方能求福祛疾、丁财两旺。

“摸门钉”是祈求子嗣的活动，是走桥或走百病活动的重要内容之一，同时也是走桥或走百病活动的延伸：一般是妇女到寺观烧香拜神后，用手触摸庙门上的门钉，以此来祈盼家中人丁兴旺，也有摸城门钉的，该活动群体一般主要由已婚妇女组成，不管是未孕、已孕还是已育。

---

① 《潍县志稿》，民国三十三年铅印本，引自《中国地方志民俗资料汇编·华东卷》，书目文献出版社，1995，第 208 页。

清代《正月十六日·走百病摸门钉》："元宵雪衬一灯红，走百病后摸门钉。但愿来年生贵子，不枉今番寒夜行。"清《月日纪古》卷一："燕城正月十六夜，妇女群游，其前一人持香辟人，名辟人香。凡有桥处，相率以过，名走百病。又暗摸前门钉，中者兆吉宜子。"正月十六日走百病，盖妇女藉此节日可以走较远的地方，实为一种健身活动。而已婚不孕的妇女，摸城门钉，取"添丁"之意，希望来年可生子。清李孚青《都门竹枝词》："女伴金箍燕尾肥，手提长袖走桥迟。前门钉子争来摸，今年宜男定是谁。"采自王弘力《古代风俗百图》①

在明清时期的华南特别是在广东，走桥或走百病等求嗣信仰或习俗都有着自己的特色。如佛山的已婚妇女在行通济桥前会在桥头的南济观音庙中烧香拜神，闭目祷告，摘下悬挂在庙里长明灯周围的纸带，她们相信，如果摘的是白色纸带就会生男孩，红色纸带就会生女孩。

---

① 王弘力：《古代风俗百图》，辽宁美术出版社，2006，第 33 页。

吴川县梅箓镇的已婚妇女在彩桥上摘花，据说摘到白花就会生男孩，摘到红花就会生女孩，而且人们认为在桥头买“茨菇”也会有“生男”功效，因为“茨菇”谐音“慈姑”，即广东人心目中的送子观音：

“越人祈子，必于花王父母。有祝词云：白花男，红花女。故婚夕，亲戚皆往送花，盖取诗‘花如桃李’之义。诗以桃李二物，兴男女二人，故桃夭言女也，摽梅言男也，女桃而男梅也。”①

另外，在广东海丰“元夕于江干放水灯，竞拾之。得白者喜为男兆，得红者谓为女兆。或有诗云：元夕浮灯海水南，红灯女子白灯男。白灯多甚红灯少，拾取繁星满竹篮”。在广州的元宵夜“士女多向东行祈子，以百寠灯供神，夜则祈灯取采（彩）头，凡三筹皆胜者为神许，许则持灯而返。逾岁酬灯。生子者盛为酒馔，庆社庙，谓之灯头，群称其祖父曰灯公”②。

这里有两点需要说明：第一，无论是摘灯带、摘花还是拾灯，都须随意为之，有的还须闭着眼睛，不能有意为之，否则就会不灵验；第二，灯带、花、灯等，都是白颜色居多，人们一般都能如愿得到白颜色的，到最后皆大欢喜。

“偷青”习俗也非常古老，据查证，这种“仪式性的偷取”可追溯至东魏孝静帝天平四年（537 年）关于“禁十五日相偷戏”③的记载。在明代，元夕“三日放偷，偷至，笑遣之，虽窃至妻女不

① ［清］屈大均：《广东新语》卷六《神语·花王父母》，中华书局，1985，第 214 页。

② ［清］屈大均：《广东新语》卷九《事语·拾灯》，中华书局，1985，第 300—301 页。

③ ［北齐］魏收：《魏书》卷十二《帝纪十二·孝静纪》，中华书局，1974，第 300—301 页。

加罪”[①]。言下之意，在这三天的元宵佳节里，不仅容许盗物，甚至妻女为人所窃都不以为罪。刘侗所描述金元时期默许人偷妻窃女的情形是否属实，尚待考证。不过在明清时期，对元夕“偷窃”的行为仍然采取相当宽容的态度：清初查嗣瑮的《燕京杂咏》诗云：“六街灯月影鳞鳞，踏遍长桥摸锁频，略遣金吾弛夜禁，九门犹有放偷人。”[②]

当然，相偷为戏只是习俗，而“偷”与“放”，都是约定俗成的游戏规则。不仅京城如此，其他各地几乎也都有此习俗，主要是窃取他人蔬园里少许的青菜，并希望能遭到诟骂谴责，以此而得吉兆。

“偷青”习俗曾经分布广泛，尤其是明清时期几乎遍及中国各地区各个民族。“偷青”的时间有选择元宵夜的，如清同治十一年（1872 年）《南康县志》记载：“（上元日）是夕，三五为群，窃摘园蔬之芥、白菜类，中插以烛，沿街擎照，谓之‘拉青’。”[③]但大多数是在正月十六夜。

例如江苏省《沙川抚民厅志》(1836，清道光十六年）提及妇女“走三桥”的活动时，即指出妇女出门观看灯月之际，或私摘人家菜叶，以拍肩背，曰拍油虫。广东、福建等地则主要是偷摘人家的园蔬或是春帖，若能遭到他人诟骂，以为将来“必得佳婿”。广西也有十六夜，妇女撷园蔬，曰“采青”。此外又有取葱以喂食小孩，

---

① ［明］刘侗、于奕正：《帝京景物略》卷二《灯市》，北京古籍出版社，1980，第 63 页。

② ［清］查嗣瑮：《查浦诗钞》卷五《燕京杂咏》，清康熙六十一年 刻本，第 13 页。

③ 《南康县志》，清同治十一年刻本，引自《中国地方志民俗资料汇编 · 华东卷》，书目文献出版社，1995，第 1181 页。

祈望其“聪明”。在清代台湾，男女元宵出游，亦有偷青之俗。“未字之女”以偷得它人之葱菜为吉兆，谚曰：“偷得葱，嫁好公；偷得菜，嫁好婿。”至于“未配之男”，则以窃得他家墙头的老古石为吉兆。谚云：“偷老古，得好妇。”此外，若妇女窃得别人家的喂猪盆，遭人诟骂，则被视为生男之兆。这种在“元夕偷青者以受詈为祥，失者以不詈为吉”的习俗，看似是借着民俗的由头来“合理化”非法行为，但实际上不论是“偷”“骂”或“放”，这种在特别的节庆里反常的、非礼的，甚至违法的行为，毋宁说只是象征性的仪式表演。

目前，保留着元宵期间“偷青”习俗的地区主要分布在长江流域及中国西南、东南地区，如四川、浙江、福建、台湾、江西、湖南、广东、广西、云南、贵州等。长江以北地区原本也十分流行，如今却已经基本消失。

“偷青”习俗在客家地区具有顽强的生命力。

各地客家的偷青习俗氛围极为浓郁，但凡客家聚落，无论是客家源流区，还是第五次大迁徙地区，都还保留着这一习俗。由于各地客家深受当地文化影响，偷青习俗又各有不同内涵。

在赣南兴国、宁都两县的古龙岗、黄陂、梅窖、兴江等乡镇，偷青时间是元宵夜。正月十五这天，一种喜庆、亢奋、神秘的气氛弥漫乡间。吃过早饭，人们便佯装散步，往别家菜地边闲踱，暗地里探看哪家园子里菜多质好，盘算着晚上如何“偷青”。待到晚间，月色明朗，吃罢元宵，看完龙灯，人们便三五成群挎篮而出，各奔白天看好的菜地。打头阵的自然是充满活力、好动爱闹的大姑娘、小伙子，他们轻手轻脚，猫腰摸到菜园，悄悄打开园门，窜进菜地里就开“偷”了。每块地都“光临”，每种菜都“偷”点，还故意往地里丢下几片菜叶。

这种“偷”必须家家“偷”遍，不避亲仇，一视同仁。当然，被偷的主家也故意设置一点障碍：地里有时或弄一滩稀泥，或放上几把棘刺，让着急着偷菜的“贼”们跌一身泥或被刺扎了手。每到此时，菜地里便不时发出强忍的欢谑笑声。待偷完，“贼”们便装着慌忙的样子争相逃出菜园，此时好闹的小伙子或打几声“哦呵……”，或放一串鞭炮，以告之主人。主家听到“哦呵”或鞭炮声，主妇们便夺门而出，直奔菜园，叉腰顿足，装腔作势大骂起来。虽是指鸡骂狗，却不带一个脏字，花样翻新，野性十足。这边骂声未绝，那边骂声又起，一时间种种村言俚语，或尖利，或嘶哑，在山野夜空中久久回荡，粗野里透着豪爽，尖刻中显出机智，显示出客家语言的丰富和妇女们的泼辣性格。

据说，“贼”们若被骂得越厉害，去掉的“晦气”就越多，也越彻底。这样一骂，有些原有矛盾不搭话的近邻、妯娌也由此打破僵局，重归于好。

“偷青”高潮过了，便是“吃青”的热闹场面。“偷儿”们满载而归，家中老人早生好了火，全家老少动手把各种蔬菜洗净切碎，扔进锅里，添上些黄元米果、油豆腐一类的东西，大家围坐一起，一边谈论着方才或以前“偷青”发生的趣事，一边吃着滚烫的食物，其中的乐趣妙不可言。

人们相信，吃了这些“偷”来的菜，能够祛邪去病，人也会变得聪明、大度、心地善良。每当此时，老人们便会重述一个古老的传说：很久以前，先辈们不团结，经常骨肉相残，后经仙人点化悔悟，在正月十五日晚上指青为盟，化干戈为玉帛，自此言和。于是，有了“偷青”的习俗。老人说：“偷青”者就是“偷”来人与人之间的亲热和亲情！

再看广西博白、陆川客家的“偷青”习俗。“偷青”也在正月十五元宵夜，去“偷青”的主要是客家妇女和儿童。当地客家俗称“偷青”为“采青”“摘青”，指将葱、蒜、萝卜、麦菜、芥菜等青菜“偷”些回来，让全家老少生吃或熟吃。“偷”是悄悄出动的，多是到别人的菜园去摘。被偷的人家，按祖上的规矩，不准追查，不准生气，不准吭声，只准暗暗高兴。因此，挨“偷”的人家总是希望别人前来多“偷”，“偷”去越多则越有福气。

元宵当晚，博白乡间的青少年也三五结伴，在夜幕的掩护下“偷青”。博白话生菜谐音“生财”；萝卜也叫“菜头”，音近“彩头”；蒜音同“算”，取其意为“好打算”。过去，艰难度日的客家人总是希望在正月新春之始，讨个“生财”的好“彩头”，过上一年“好打算”的吉利日子，由此“偷青”习俗世代相传。可见，“偷青”是过去客家人对幸福美满生活的追求，对穷苦命运的一种抗争。

如今，博白、陆川客家“偷青”多是“偷”自家菜园的，而且接二连三去“偷”……客家长辈告诫后生们说，青枝绿叶是客家人的劳动成果，“偷”吃了，就要饮水思源。

四川成都客家也非常盛行正月十六“偷青”，而最好的“青”要数青苗中的碗豆尖，瓜豆代表多籽多福，可见其独特之处在于将“偷青”与客家添丁文化结合了起来。

上元之夜，台湾地区未嫁的客家妹，都喜欢到别人家中去偷折花枝或竹叶，以此博得主家的诟骂，因为人们普遍认为，如果有人骂，姑娘今年必得佳婿，而且骂得越凶越好，姑娘心中就更欢喜。这种风俗是闽西“偷青”习俗的传承与演变。闽西一带的客家姑娘，在元宵节之夜，也喜欢跑到别人的菜园里偷拔芥菜，也是想惹别人的诟骂。芥菜，在闽西客家话叫做“贵菜”，如果有人骂，那么她会认为在今年能找到一位“富贵人家”的子弟做如意郎君。

以下是各地“偷青”民谣，其快乐、喜庆之情跃然纸上：“夜半归来闻笑语，小姑夸胜得青多。”“正月十六大月光，芹菜蒜子偷精光。”“偷青偷青，越偷越有情。偷到满天星，偷到嫦娥梳妆镜，偷到王母罗斗敬。”“小姐姐，摘芫葱，保你伶俐又聪明；小哥哥，拔芹菜，祝你欢喜又勤快；小弟弟，来拿菜，明朝一家发大财。”“天青青，月明明，玉兔引路去偷青。偷了青葱人聪明，摘了生菜招财灵。”①

据南宋初期出使金国被迫滞留15年的官员洪皓所著《松漠纪闻》一书记载，“放偷”的习俗在金国即已非常流行：“金国治盗甚严，每捕获论罪外，皆七倍责偿。惟正月十六日，则纵偷一日以为戏。妻女、宝货、车马为人所窃，皆不加刑。是日，人皆严备，遇偷至，则笑遣之。既无所获，虽畚钁微物，亦携去。妇女至显入人家，伺主者出接客，则纵其婢妾盗饮器，他日知其主名，或偷者自言，大则具茶食以赎（谓羊酒、肴馔之类），次则携壶，小亦打糕取之。亦有先与室女私约，至期而窃去者，女愿留则听之。自契丹以来皆然，今燕亦如此。”② 宋末元初武珪在《燕北杂记》中也佐证了这一点：

① 以上参见客家阿哥小米的博文：《客家奇异风俗：元宵偷青》，2010年2月28日。http://109310050.blog.163.com/blog/static/387412201012811238749/

② ［宋］洪皓：《松漠纪闻》卷二，清同治十二年三瑞堂刻本，第49页。

“正月十三日，放契丹作贼三日；如盗及十贯以上，依法行遣。”[①]只是时间上提前了几天。这一习俗一直延续到了明清，明代人郎瑛的《七修类稿》中也有这样的记载：“金与元国俗，正月十六日谓之‘放偷’。是日各家皆严备，遇偷至，则笑而遣之。虽妻女、车马、宝货，为人所窃，皆不加罪。闻今扬州尚然。”[②]其中最后一句则表明，这一习俗早已流传到南方的长江流域一带。清初著名学者毛奇龄在《毛西河全集》中的“放偷连厢”条云：“渤海向北，有个风俗，平日禁偷极严，至每年元夕，各许里巷放偷一日，以为戏乐。”[③]这里所说的“元夕”，即正月十五上元节。清代人樊彬还有一首诗记述了这一民俗：“上元良夜永，灯火畅遨游。守户劳黄犬，金吾正放偷。”诗后注云：“元夕小窃，元时不禁，名‘放偷’。”[④]

这里有两点很值得注意：第一，在金王朝非常严酷的专制统治下，在“治盗甚严”的法律环境下，竟然让出正月十六这一天，允许“纵偷一日”，“妻女、宝货、车马为人所窃，皆不加刑”。也就是说，凡此日盗窃，均不算犯法，而广大民众似乎也心领神会，充分利用这一法律空档，以极其幽默的方式，将这一规定最大限度地娱乐化，让原本对窃贼网开一面的正月十六“放偷”变成中国历史上最为独特、也最为别致的节日。

第二，正月十六“放偷”的规定，也给那些自由恋爱的情人们一个千载难逢的机会。前文所引洪皓《松漠纪闻》中所说：“妻女、

① ［宋］武珪：《燕北杂记》，北京：文学古籍刊行社，1956年版，第23页。

② ［明］郎瑛：《七修类稿》卷二三，上海书店出版社，2009年版，第277页。

③ ［清］毛奇龄:《毛西河先生全集》卷二二九，清嘉庆元年萧山陆凝瑞堂刻本，第17页。

④ ［清］樊彬：《燕都杂咏》卷二，清光绪三十三年长沙石耕山房刻本，第11页。

宝货、车马为人所窃，皆不加刑……亦有先与室女私约，至期而窃去者，女愿留，则听之。”这一天，青年男女事先约好，女方配合情郎将自己“偷”走。事后女方父母不得追究私奔责任，因为“合法”，衙门也不会受理此事，最终“有情人终成眷属”。

（二）华南的走桥及其衍生习俗

在华南的广东，花县“（正月）十六之夕，妇女出游采青，谓之‘走百病’”[①]，从化县“（正月）十六夜，妇女谓之‘走百病’”[②]，韶州府“（正月）十六夜，妇女‘走百病’，撷园中生菜，曰‘采青’”[③]，归善县“（正月）十六夜，男女嬉游，谓之‘走百疾’”[④]，长乐县“（正月）十六夜，男女游观，曰‘走百病’”[⑤]。

顺治年间的潮州府，“上元，设灯树、彩花，高七八尺，妇女度桥投块，谓之‘度厄’，或相携以归，谓之‘宜畜’”[⑥]。光绪年间，潮州府“上元，妇女度桥投块（按：指土块、石块、瓦块等），

① 《花县志》，清光绪十六年刻本，引自《中国地方志民俗资料汇编·中南卷》，书目文献出版社，1991，第685页。

② 《从化县新志》，清宣统元年刻本，引自《中国地方志民俗资料汇编·中南卷》，书目文献出版社，1991，第694页。

③ 《韶州府志》，清同治十三年刻本，引自《中国地方志民俗资料汇编·中南卷》，书目文献出版社，1991，第706页。

④ 《归善县志》，清乾隆四十八年刻本，引自《中国地方志民俗资料汇编·中南卷》，书目文献出版社，1991，第731页。

⑤ 《长乐县志》，民国间铅印本，引自《中国地方志民俗资料汇编·中南卷》，书目文献出版社，1991，第765页。

⑥ 《潮州府志》，清顺治十八年修纂刻本·康熙五年补刻·1957年广东省中山图书馆油印本，引自《中国地方志民俗资料汇编·中南卷》，书目文献出版社，1991，第771页。

谓之‘度厄’”[①]。海阳县“上元，设灯树彩花，放烟火，妇女度桥投块，谓之‘度厄’”[②]。潮阳县“上元，则张树灯，放烟火。妇女投纸人于门外，谓之‘度厄’，尽五夜乃止”[③]。普宁县“（正月）十一夜，妇女度桥，投瓦砾土块，谓之‘度厄’。十五夜，门首插松竹，妇女插松叶”[④]。揭阳县“上元，张灯树，放烟花，扮八景，舞狮子，妇女儿童度桥投块，谓之‘度厄’，或采青、拾瓶嘴以归”[⑤]。

乾隆年间的顺德县“（正月）十六夜，士女‘走百病’”[⑥]。咸丰年间，顺德县“（正月）十六夜，妇女‘走百病’，撷取园中生菜，曰‘采青’”[⑦]。顺德龙山乡“元夕张灯，烧起火，放花筒，笙歌欢饮。自初八九以后，庙社开灯，人家亦然，恒以蔗酒享神，曰‘庆灯’，或设宴延客，曰‘灯酌’。凡前一岁生儿或娶妇之家，以姜酒、鸡蛋往祭庙社，谓之‘灯头’，亦有鸣锣击鼓，送灯与人，以为生男之兆者，至十五而止。十六日散灯，并迎灶神。是夕，妇女偷摘人家蔬菜，谓可宜男，名曰‘采青’。正、二月，各庙社烧花爆，男女往观，拾得

---

① 《潮州府志》，清光绪十九年重刻乾隆四十年本，引自《中国地方志民俗资料汇编·中南卷》，书目文献出版社，1991，第 768 页。

② 《海阳县志》，清光绪二十六年刻本，引自《中国地方志民俗资料汇编·中南卷》，书目文献出版社，1991，第 776 页。

③ 《潮阳县志》，清光绪十年刻本，引自《中国地方志民俗资料汇编·中南卷》，书目文献出版社，1991，第 782 页。

④ 《普宁县志》，清乾隆十年刻本，引自《中国地方志民俗资料汇编·中南卷》，书目文献出版社，1991，第 787 页。

⑤ 《揭阳县志》，清乾隆四十四年刻本，引自《中国地方志民俗资料汇编·中南卷》，书目文献出版社，1991，第 789 页。

⑥ 《顺德县志》，清乾隆十五年刻本，引自《中国地方志民俗资料汇编·中南卷》，书目文献出版社，1991，第 793 页。

⑦ 《顺德县志》，清咸丰六年刻本，引自《中国地方志民俗资料汇编·中南卷》，书目文献出版社，1991，第 794 页。

爆“首”者来岁须还，以鼓吹送至家，谓为添丁之兆”[①]。新会县“（正月）十六夜，小民妇女多镜听。有出游者，谓之‘走百病’，大家无之”[②]。

高明县“十六日及除夕，各家田园蔬菜任人夜撷不禁，谓之‘偷青’”[③]。开平县“（正月）十三夜，小家妇女间出撷取园中青菜，谓之‘采青’。十六夜，小民妇女出游，谓之‘走百病’”[④]。恩平县“是夜（正月十五夜）城不禁，儿女走百病，撷取园中生菜，名曰‘偷青’”[⑤]。阳江县“是夕（上元夕），摘邻家园蔬，谓之‘偷青’，取得子之兆”[⑥]。

吴川县“元宵张灯。各社于初十前盖棚迎社神，曰‘开灯’，同社中有生子者，即张一灯。锣鼓笙歌，连宵聚饮，曰‘庆灯’。元夜，妇女走百病，撷园中生菜，曰‘采青’，又曰‘偷青’”[⑦]。肇庆府“元日夜，城市有鱼龙、走马、花球、琉璃、鳌山诸灯。竞

---

① 《龙江乡志》，民国十九年刻本，引自《中国地方志民俗资料汇编·中南卷》，书目文献出版社，1991，第 801—802 页。

② 《新会县志》，清道光二十一年刻本，引自《中国地方志民俗资料汇编·中南卷》，书目文献出版社，1991，第 808 页。

③ 《高明县志》，清光绪二十年刻本，引自《中国地方志民俗资料汇编·中南卷》，书目文献出版社，1991，第 810 页。

④ 《开平县志》，清道光三年刻本，引自《中国地方志民俗资料汇编·中南卷》，书目文献出版社，1991，第 814 页。

⑤ 《恩平县志》，清道光五年富文斋刻本，引自《中国地方志民俗资料汇编·中南卷》，书目文献出版社，1991，第 825 页。

⑥ 《阳江县志》，民国十四年刻本，引自《中国地方志民俗资料汇编·中南卷》，书目文献出版社，1991，第 842 页。

⑦ 《吴川县志》，清光绪十八年启寿刻本，引自《中国地方志民俗资料汇编·中南卷》，北京：书目文献出版社，1991，第 848 页。

采园蔬怀归，谓可已疾，曰‘采青’，亦曰‘偷青’”[①]。怀集县“上元灯会，自初七八至既望，结棚悬彩，烧花爆，办戏剧，笙鼓之声喧衢达旦。亲友挈榼游郊野踏青，俗名‘走百病’，至二十日乃止”[②]。广宁县“是夜（元夕），幼小男女或三或五向各圃偷菜，谓之‘偷青’”[③]。

四会县“元夜，妇女步月至人家，撷菜少许，曰‘偷青’，或撕取人家门前春联，曰‘偷红’，或到神庙摘灯带，怀归置床箦下，云‘宜男’”[④]。德庆州“（正月）十五夜，妇女出游，谓之‘采青’，今时家祠悬纸灯，备诸花果、禽鱼之状，妇孺游观，夜分始散归，谓之‘耍花灯’。摘邻园蔬煮食，曰‘偷青’，亦曰‘拗青’。次夜，老妇出观灯，谓之‘送百病’”[⑤]。

广西龙州县“十五日，偷青。每年是晚，老少男女联群结队，俟更深人静，越园度圃偷取蔬菜，名曰‘偷青’”[⑥]。凤山县“十五

---

① 《肇庆府志》，清道光十三年刻本，引自《中国地方志民俗资料汇编·中南卷》，书目文献出版社，1991，第 854 页。

② 《怀集县志》，民国五年铅印本，引自《中国地方志民俗资料汇编·中南卷》，书目文献出版社，1991，第 858 页。

③ 《广宁县志》，清道光四年刻本，引自《中国地方志民俗资料汇编·中南卷》，书目文献出版社，1991，第 860 页。

④ 《四会县志》，民国十四年铅印本，引自《中国地方志民俗资料汇编·中南卷》，书目文献出版社，1991，第 866 页。

⑤ 《德庆州志》，清光绪二十五年刻本，引自《中国地方志民俗资料汇编·中南卷》，书目文献出版社，1991，第 881 页。

⑥ 《龙州县志》，民国十六年修纂·1957 年广西壮族自治区博物馆油印本，引自《中国地方志民俗资料汇编·中南卷》，书目文献出版社，1991，第 921 页。

日元宵，偷青，相传以禳不祥”[①]。来宾县“上元夜间，士女有偷青之戏”[②]。容县“十五夜，群至景阳桥，曰‘走除百病’”[③]。博白县“十五夜，村童多扬声入园拾菜，俗名‘拾青’，取其发生佳兆”[④]。贵县“上元夜，俗例妇女入人园圃摘蔬菜，名曰‘采青’，盖取一年清洁之兆，园丁亦不禁”[⑤]。钦州“十六夜，妇女撷园蔬，曰‘采青’，取葱以食小儿，企聪明”[⑥]。廉州府“十六夜，妇女‘走百病’；撷园蔬，曰‘采青’；取葱以食小儿，曰‘聪明’”[⑦]。

海南《琼台志》载：“十六夜，男子稍避，妇女聚出，或探亲、抛桥、谒庙，名曰‘走百病’”[⑧]。琼山县“元宵，满城妇女尽到总镇衙前折取榕叶，谓之‘偷青’，或燃香城门祝之，以祈有子”[⑨]。

---

① 《凤山县志》，民国三十五年修纂·1957年广西壮族自治区博物馆油印本，引自《中国地方志民俗资料汇编·中南卷》，书目文献出版社，1991，第943页。

② 《来宾县志》，民国二十六年铅印本，引自《中国地方志民俗资料汇编·中南卷》，书目文献出版社，1991，第979页。

③ 《容县志》，清光绪二十三年刻本，引自《中国地方志民俗资料汇编·中南卷》，书目文献出版社，1991，第1060页。

④ 《博白县志》，清道光十二年刻本，引自《中国地方志民俗资料汇编·中南卷》，书目文献出版社，1991，第1064页。

⑤ 《贵县志》，民国二十四年铅印本，引自《中国地方志民俗资料汇编·中南卷》，书目文献出版社，1991，第1068页。

⑥ 《钦州志》，清道光十四年刻本，引自《中国地方志民俗资料汇编·中南卷》，书目文献出版社，1991，第1074页。

⑦ 《廉州府志》，清道光十三年刻本，引自《中国地方志民俗资料汇编·中南卷》，书目文献出版社，1991，第1079页。

⑧ 《琼台志》，1964年上海古籍书店据宁波天一阁藏明正德刻本影印，引自《中国地方志民俗资料汇编·中南卷》，书目文献出版社，1991，第1098页。

⑨ 《琼山县志》，清咸丰七年刻本，引自《中国地方志民俗资料汇编·中南卷》，书目文献出版社，1991，第1112页。

文昌县“十五夜，妇女相邀，撷园中蔬菜，曰‘采青’，以兆生子”[①]。澄迈县“十六夜，男子少避，妇女聚出，或探亲、抛桥、谒庙，往来游玩，谓之‘走百病’”[②]。儋县“十四夜，妇女潜入园中，撷取菜果，曰‘采青’，十六夜，城门不闭，妇女结伴而出，或探亲，或谒庙，名曰‘走百病’”[③]。感恩县“元宵，张灯制采（彩），扮演故事，谓之‘游灯’。或无子而思接灯者，群以此馈之，谓之‘赐丁’（盖灯与丁谐音），受者则酬之以宴。初一、二，若有不祥事件，咸于元宵作歌解之，谓之‘破兆’”[④]。

如今，在广东的粤东地区，还保留着元宵节“拜桥神”的活动。“桥神”就是在桥头桥尾供奉的土地神，元宵节老百姓要烧香点烛，向桥神祈求保佑平安，还要抱小孩过桥，在桥上祈祷桥神保佑小孩子平安长大。

湛江吴川的过“百花桥”也久负盛名。过去大多数是妇女过桥，现在是男女老少都过桥，当地人在桥上摆了各种花草，妇女想生男孩的就摘白花，想生女孩就摘红花。元宵节过花桥是吴川老百姓家家户户都参与的活动，人数众多，特别热闹，与佛山“行通济”不相上下。

在潮汕、客家地区，会举行大型的“游灯”活动。村里每家每

---

① 《文昌县志》，清咸丰八年刻本，引自《中国地方志民俗资料汇编·中南卷》，书目文献出版社，1991，第1115页。

② 《澄迈县志》，清嘉庆二十五年刻本，引自《中国地方志民俗资料汇编·中南卷》，书目文献出版社，1991，第1122页。

③ 《儋县志》，民国二十五年铅印本，引自《中国地方志民俗资料汇编·中南卷》，书目文献出版社，1991，第1123页。

④ 《感恩县志》，民国二十年海南书局铅印本，引自《中国地方志民俗资料汇编·中南卷》，书目文献出版社，1991，第1126—1127页。

户凡是男士，每个人都要提着灯以村头的神庙为中心，绕行十里八里的小路，摆成长龙灯阵，场面壮观，气氛浓烈。

（三）华南与其他区域走桥习俗的比较

与北方、江南等地走桥习俗一样，华南走桥习俗也与祈求子嗣习俗有关。如前文提到的佛山"行通济"有摘灯带的习俗，就是一个明证。而且通济桥位于佛山西南，在阳位，利生育，所以求子者喜走此桥。此外，佛山元宵还有挂灯习俗。挂灯原是广府地区通行的民俗，时间为正月十三日至十七日。据陈恩维教授的调查[①]，一般挂灯仪式有买灯、挂灯、分猪肉、饮灯酒、赏灯、投标和在祠堂前燃放烟花炮竹等。

按照广府民间风俗，如果有男丁出生，当年挂灯期间要到祠堂斟茶、挂灯。挂灯完毕后由理事代表太公封利是，从该天起祖先承认其名分，登记入族谱，享受族中男子清明扫墓、太公分猪肉、饮灯酒等权利。挂灯通常在祠堂里举行，广府地区祠堂尤多，而尤以佛山顺德为盛，民间有"顺德祠堂南海庙"的说法。

佛山古镇方圆不足 3 平方千米，有李氏祠 10 所，陈氏 47 所，梁氏 58 所，冼氏 25 所，霍氏 49 所。通济桥所在桥亭铺有陈氏大宗祠、东居陈公祠、畦乐陈公祠、在高陈公祠、帅魁梁公祠、正本梁公祠、景明梁公祠、罗氏宗祠、仇氏家舍、经远仇公祠等。祠堂多，在元宵往来挂灯、赏灯的人多，通济桥不远处原有著名的普君墟灯市，通济桥所在桥亭铺还有一条挂灯巷，都是因应挂灯习俗而形成的地

---

① 陈恩维：《广东佛山市禅城区"行通济"民俗调查报告》，2012，暂未刊印稿，作者赠阅，在此表示感谢。

名。乾隆年间《佛山忠义乡志》载:“上元开灯宴,普君墟为灯市。……自元旦为始，他乡皆来买灯，挈灯者如贯于道，通济桥边、胜门溪畔，弥望，率灯客矣。”①

“灯”与“丁”谐音，挂灯，赏灯，皆与求子有关，是我国生殖崇拜和家族文化的反映。“行通济”习俗在时间上与元宵灯宴、灯市以及祠堂挂灯习俗时间上前后相连，“求子”意蕴相通，故而有融合的趋势。传统“行通济”的路线，之所以往往经普君墟回家，多是为了买灯、赏灯，因此二者的信仰基础是一致的。也可以说，四乡八邻在元宵期间来佛山赏灯、买灯，必经佛山西南门户通济桥，因而间接促进了“行通济”风俗的兴盛。

华南客家地区最常见的是简洁的木桥和朴素的石拱桥，也有廊式的风雨桥，客语俗称“花桥”。但凡走桥，必走三桥，或一夜、或一日走三桥，或前后数日共走三桥。“一生二，二生三，三生万物”，深受道家思想浸染的客家人认为，“走三桥”即意味着“走百桥”。走过了百桥，便不再遭受任何灾邪，便可以化解任何凶恶。现广东揭阳市榕城区民众尚一直保留着年初十至正月十六“行彩桥”的习俗，应该就是当地走百病的演变。

“行彩桥”向来是揭阳人重要的传统节庆文化活动，它展现了喜庆、欢乐的节日氛围，寄托着人们对生活的美好期待，营造了团圆、团聚、和睦、和谐的社会文化，为男女相识、相会搭起“鹊桥”，其民俗寓意已与传统走桥习俗形成了较大的差别。

粤东海丰客家正月十六日夜，男女嬉游，谓之“走百病”。未婚姑娘跑到菜园里，在“大菜”（即客家大芥菜）上坐一下，俗称

① ［清］陈炎宗：《乾隆·佛山忠义乡志》，卷六《乡俗志》，第3—4页。

“坐大菜”，认为这样就可以选上好夫婿。

清代，客家地区地方志也广泛记载了走百病风俗。如：清乾隆四十八年（1873年）《归善县志》（今惠州惠阳）载曰：“十六夜，男女嬉游，谓之‘走百疾’。”[①] 清同治十三年（1874年）《韶州府志》载曰：“十六夜，妇女谓之‘走百病’，撷园中生菜，曰谓之‘采青’。”[②] 清光绪十六年（1891年）《花县志》载曰：“十六之夕，妇女出游采青，谓之‘走百病’。”[③] 而民国《长乐县志》（今梅州五华）亦载曰：“十六夜，男女游观，曰‘走百病’。”[④]

由上可知，广东客家人走百病与中原地区或江南地区传统的走百病有所不同。客家人走百病或许浪漫情调、狂欢情结多于巫术性的驱邪、度厄，更多地表现在男女一起走百病，而不是单纯女性出游，时间上也只在夜晚，而不在白天，这与客家先民当时与畲、瑶、壮等民族长期杂居，文化习性相互兼容有深刻的渊源关系。另外，客家人走百病活动往往与正月十六夜的“采青”“偷青”活动重叠。

任何一种民俗事象，都不是个人行为，而是社会普遍存在的习俗。佛山“行通济”这一传统民俗，流传已久，其形成的背后必然有众多的因素支撑，而大众心理需求则是最重要的因素。“行通济”的主要内容是走过桥，以及手拿花灯、生菜、风车。

---

① 《归善县志》，清乾隆四十八年刻本，引自《中国地方志民俗资料汇编·中南卷》，书目文献出版社，1991，第731页。

② 《韶州府志》，清同治十三年刻本，引自《中国地方志民俗资料汇编·中南卷》，书目文献出版社，1991，第706页。

③ 《花县志》，清光绪十六年刻本，引自《中国地方志民俗资料汇编·中南卷》，书目文献出版社，1991，第685页。

④ 《长乐县志》，民国间铅印本，引自《中国地方志民俗资料汇编·中南卷》，书目文献出版社，1991，第765页。

在人类还不能完全掌控自己命运的时候，“人们总是想尽各种办法来抵御灾异，趋吉避凶是一种普遍的民俗心理。”[①] 在生产力落后的古代，人们对自己的命运无法把握，只能寄托在许多具有特定意义的事物或行为上，“桥”便是一种重要的形式。

桥作为一种连接两岸的道路，蕴含着“跨越”“过界”的象征意味，仿佛过了一座桥，许多事情就会改变似的。因此，在漫长的历史过程中，“桥”在人们心中的地位慢慢升华，并人为地添加了许多丰富的含义，走桥也渐渐演变为一种群体习惯，一种民间风俗。佛山“行通济”民俗的形成，也应与此有关。人们在过桥的过程中，得到了慰藉，平复了对未来未知的恐惧。这也体现了佛山广大民众追求顺利、平安的心理。

① 叶春生：《探索民间信仰的深层意蕴，构建和谐社会的人性根本》，《文化遗产》2007 年第 1 期，第 53 页。

第六章 “行通济”习俗与水乡信仰

佛山“行通济”的传统仪式，一方面呈现出鲜明的地域特色，另一方面也带有其他地方走桥渡厄、走百病等传统民俗的典型细节，充分体现了佛山作为移民社会、工商城市的特性。

一、“行通济”习俗的表征物：吉祥三宝

传统社会中，人们“行通济”主要携带花灯、风铃、生菜，也有携带纸质金元宝、香烛的。

因没有了照明需要，如今花灯已退出该习俗的舞台，所以现在“行通济”一般是携带风车、风铃、生菜，它们被人们亲切地称作“吉祥三宝”。风车象征时来运转，顺风顺水，也叫转运风车，意头好，又轻巧，无安全隐患，老少咸宜；风铃的铃声悠扬、悦耳，象征着福音；生菜，在广东也叫做“胜意菜”，取谐音“生财”，象征着财源滚滚、财运亨通。

（一）花灯

旧时正月十六晚“行通济”，人们提着各种花灯，除了照明使用，也给夜色中的城镇增添了一道美丽的风景。“上元（元宵节），开灯宴，普君墟为灯市……自元旦（春节）为始，他乡皆来买灯，挈

灯者鱼贯于道，通济桥边，胜门（现城门头）溪畔弥望，率灯客矣。”[①] 人们趁着元宵余兴未尽，于正月十六到通济桥上来游玩。开始人们行走通济桥，只是为了观赏花灯，游览夜市而已。“行通济”祈福的民俗活动则是后来逐步形成的。

古时的花灯，因多在南济观音庙附近摆卖，所以，其上绘制的图案主要是观音菩萨像。中华人民共和国成立后，随着城市建设中路灯的添置，民众几乎不再用花灯来照明了。如今的城市更是实行了亮化工程，几乎每条街道每隔两三米就有路灯，热闹的公共场所更是灯火辉煌，形同白昼。花灯也就慢慢退出了“行通济”活动的历史舞台，加之花灯里放置的是蜡烛，为安全起见，渐渐由风车取代了。花灯现在主要是用作城市的节日装饰，悬挂在路灯下或放置于公园、风景区内，供广大民众观赏。

近年来，一些商家瞅准了“行通济”中的商机，为了迎合人们求财、求富的心理，在风车上绘制了财神像，同时为了赢得小朋友的青睐，也绘制了喜羊羊等卡通图案，满足了不同群体的心理需求。

（二）风铃

风铃，兼具视觉上精巧玲珑，听觉上灵动悦耳之美。它可以是日常家居的点缀，也可以是寺庙宝塔的法器；它是清脆悠扬的，也是庄严端方的。

中国古人悬挂风铃，其实用性超过装饰性，是以悦耳的声音，达到或警示，或静心养性，或祈福的目的。如今的佛山“行通济”活动中，风铃的主要目的是用来祈福、迎福音的。

---

① ［清］陈炎宗：《乾隆·佛山忠义乡志》卷六《乡俗志·上元开灯宴》，第3—4页。

刚开始恢复“行通济”活动时，还没有人敢公开卖生菜，烧香拜神又被当作封建迷信活动而明令禁止，所以，一些精明的商家就拿风铃等小商品来兜售，既能吸引小朋友的眼球，又寓意“迎来福音”，后来风铃就成了“行通济”活动中非常抢手的吉祥物，也成为该民俗活动中不可或缺的一道亮丽风景。

（三）生菜

生菜与“生财”谐音，是广府人心目中的“胜意菜”。“生”可寓意生发、生育、生财、生猛等，尤其是“菜”和“财”谐音，意味着“钱财”“财运”“财势”等，因此生菜在一些民间习俗活动中是“求财”“求运”的吉祥物。人们普遍相信其有“生财”“生发”“生育”之吉兆，故经常在民俗活动中扮演重要的角色。

二、“行通济”习俗的传统禁忌

走通济桥时，必须是一次从桥头走到桥尾，不能反方向，更不能回头；走完通济桥以后，生菜必须带回家，而且要供奉在家神牌位前。

（一）忌逆走

“行通济”必须从桥头走到桥尾，古时是从桥的东头走向西头，现在是从北走向南，切不可走反了方向，或者走回头路。因为“行通济”有“九出十三归”的讲究，若走反了，就会因犯忌而不灵验。“九出十三归”，是典当行的规矩——抵押值为 9 块的物品要用 13 块赎回。通济桥从桥头到桥中有 9 级台阶，而从桥中到桥尾则有 13 级台阶，与当铺行“九出十三归”的行规吻合，人们认为“行通济”不按正确的方向走，就将会蚀本，这很不吉利。“九出十三归”的行规，当兴起于乾隆年间。据乡志记载，佛山在清乾隆五十一年（1786年）“始设小押。时有湖南武生区任贤充军至乡。出其赀以押物件，名曰收买旧料，实操平民缓急而朘削之，迄今益多。乡有小押自此始”[①]。当铺行业的兴起，实质是抵押贷款的一种形式。大量的小工业主、小商人或者市民，为了解决经营资金周转的暂时困难，把自己的固定资产抵押给典当行以筹集流动资金，待资金充足后，又可以赎回原物。这种筹措发展资金的方式，极大地方便和缓解了部分业主的资金窘迫的局势。

因此，典当行已成为当时佛山工商市民扩大经营的一个融资机构，对于佛山经济社会的崛起非常重要。“行通济‘九出十三归’规矩的形成，显示了当铺行业在佛山经济生活中举足轻重的地位，也反映了佛山人对于财富和利润的追求，体现了佛山作为工商城市的典型的文化特性。事实上，佛山传统的行通济路线，经过了两座神庙和两处市场，也是为了拜神和购物的方便，这其中也有商业和宗教的因素在内。因此，行通济汇合了佛山的商业文明。”[②]

（二）忌扔菜

走完通济桥以后，要将生菜带回家，供奉在家神牌位前。切不可扔掉生菜，因为“生菜”寓意“生财”，“财”得拿回家，不能扔，否则就会犯忌，就会蚀财。中国作家协会会员、佛山市文联名誉主席任流先生还就此创造过一首劝善歌《引财归家》，其中有两

---

① ［清］吴荣光：《道光·佛山忠义乡志》卷六《乡事志》，第 11 页。

② 陈恩维：《广东佛山市禅城区“行通济”民俗调查报告》，2012，暂未刊印稿，作者赠阅，在此表示感谢。

句是：“引财归家享繁华，春风得意遍地花；通济桥畔星光洒，祝福贺喜红灯挂。”[①] 在引导人们特别是新移民如何处理生菜的问题上，起了很好的正面劝化作用。

（三）忌踩槛

经过通济桥牌坊时，不能脚踩牌坊下面的门槛，应该抬腿跨过，而且最好男抬左脚，女起右脚，否则会招致不吉或祈愿不灵，这是人们对古桥的谦恭和敬畏。近几年，随着这项民俗活动的深入人心，越来越多的民众参与其中。为了避免人流量高峰时期人们过门槛时不小心摔倒而发生踏踩事故，如今牌坊下面的门槛已经被移走，牌坊却一下子少了很多韵味和内涵。

平日里的通济桥牌坊：逛累了还可以在牌坊下的门槛上休息一下

① 任流：《通济天下》，中国文联出版社，2009，第 178 页。

2014 年的通济桥牌坊：为了避免“行通济”时出现绊倒、踏踩等安全事故，如今牌坊下面的门槛已经被移除，似乎少了很多韵味

三、“行通济”习俗的主要仪式

佛山“行通济”与其他地方走桥渡厄、走百病等传统民俗相比，仪式主体基本相同，信仰基础基本一致，又具备鲜明的地域特色，可以说是全国各地走桥、走百病等民俗中的一种典型。“行通济”的传统路线是：由村尾南济观音庙前登上桥头，直行过至桥尾，经过通运土地社前，由社侧大基沿存院围尾窦直行，返入普君墟或蜘蛛山（今市政府后门一带）回家。如今，随着城市建设力度的不断加大，再加上人口的不断增加特别是外来人员不断涌入，每年“行通济”活动期间的交通管制及路线又有所不同。其传统仪式主要有：南济观音庙里扯灯带、庙前买生菜、桥上用硬币掷石龟、桥尾烧香

拜社公（土地神）、回家拜祖先等。

（一）摘灯带

佛山“通济桥号南济”[①]，桥头原有一座尼姑庵，也叫白衣庵，供奉观音大士。顺治年间，僧人圆朗募集资金将其改为南济庙。民间把观音看作是生育神，故有“送子观音”的说法。“行通济”那天，已婚妇女不管是已婚未孕、已婚已孕还是已婚已育，三五成群地都到庙里摘灯带，祈求子嗣，而如果有男子到庙里抽签，一般是求功名、求前途或求钱财。

灯带，是指庙里长明灯四周悬挂的纸带，分红、白两种颜色，以白色纸带居多，扯到白色纸带的是生男之兆，扯到红色纸带的是得女之兆。人们普遍相信，摘灯带时必须闭着眼睛或低着头，不能偷看，更不能有意为之，否则就不能灵验。其实，摘灯带习俗与明清时期的华南地区，特别是广东的求嗣信仰或习俗是一脉相承的，民间“求嗣”的仪式多种多样：

一是“花王信仰”习俗。据《广东新语》记载：“越人祈子，必于花王父母。有祝词云：白花男，红花女。故婚夕亲戚皆往送花，盖取诗‘花如桃李’之义。诗以桃李二物，兴男女二人，故桃夭言女也，摽梅言男也，女桃而男梅也。”[②]梅花主要是白颜色的，桃花主要是红颜色的。吴川县梅箓镇的已婚妇女在彩桥上摘花，称摘到白花就会生男孩，摘到红花就会生女孩。

二是“用灯求丁”习俗。因灯与丁谐音，故民间以灯来求人丁

① ［民国］冼宝干：《民国·佛山忠义乡志》卷八《祠祀二·观音庙》，第13页。

② ［清］屈大均：《广东新语》[卷六《神语·花王父母》，：中华书局，1985，第214页。

兴旺。如顺德龙乡“元夕张灯……送灯与人，以为生男之兆者”[①]。如海丰习俗“元夕于江干放水灯，竞拾之。得白者喜为男兆，得红者谓为女兆。或有诗云：元夕浮灯海水南，红灯女子白灯男。白灯多甚红灯少，拾取繁星满竹篮”。广州的元夕灯节“士女多向东行祈子，以百寯灯供神，夜则祈灯取采（彩）头，凡三筹皆胜者为神许，许则持灯而返。逾岁酬灯。生子者盛为酒馔庆社庙，谓之灯头，群称其祖父曰灯公”[②]。

三是“采青”“偷青”习俗。如龙山乡“十六日……是夕，妇女偷摘人家蔬菜，谓可宜男”[③]。在阳江县“上元夕，摘邻家园蔬，谓之‘偷青’，取得子之兆”[④]。四会县“元夜，妇女步月至人家，撷菜少许，曰‘偷青’，云‘宜男’”[⑤]。

四是“偷红”习俗。如四会县“元夜，妇女撕取人家门前春联，曰‘偷红’，云‘宜男’”[⑥]。

五是“拾爆首”习俗。如顺德龙山乡“正、二月，各庙社烧花爆，男女往观，拾得爆（首）者来岁须还，以鼓吹送至家，谓为添丁之

---

① 《龙山乡志》，民国十九年刻本，引自《中国地方志民俗资料汇编·中南卷》，书目文献出版社，1989，第801页。

② ［清］屈大均：《广东新语》卷九《事语·拾灯》，中华书局，1985，第300—301页。

③ 《龙山乡志》，民国十九年刻本，引自《中国地方志民俗资料汇编·中南卷》，书目文献出版社，1989，第801页。

④ 《阳江县志》，民国十四年刻本，引自《中国地方志民俗资料汇编·中南卷》，书目文献出版社，1989，第842页。

⑤ 《四会县志》，民国十四年铅印本，引自《中国地方志民俗资料汇编·中南卷》，书目文献出版社，1989，第866页。

⑥ 《四会县志》，民国十四年铅印本，引自《中国地方志民俗资料汇编·中南卷》，书目文献出版社，1989，第866页。

兆”[①]。花爆“高不过三四尺，内实杆槁，外施五彩”。“爆首”是指事先放置于花爆内的一个小铁环，花爆引爆后，各家各族纷纷争抢“爆首”，往往也会酿成械斗，导致命案发生：如嘉庆年间的三水县，由于在节日活动期间争抢“爆首”而发生宗族之间的械斗，所以此习俗多次被地方官府叫停。[②]

（二）买生菜

人们行通济桥前，通常会买上一扎生菜，提着过桥，取其“胜意”“生财”的好意头。旧时行通济，人们手里提着的生菜一般来说是有个“一二三”的讲究：即每扎生菜里有一棵葱，两棵生菜，三支香。一棵葱表示“一生聪明”，两棵生菜取“好事成双、生财有道”之意，而且葱、菜要有根须，“有根有须，子孙繁庶”，三支香，因“三、六、九”在古代都是大数，表示“子孙香火不断或续香火”之意。一般情况下，每扎生菜里都会有一个红包，即利是封，人们走桥之前会先到南济观音庙，将红包（利是封）投进功德箱里，接着男求上签，女摘灯带，然后拎着生菜走过通济桥，到桥尾的通运社坛将三支香点燃，用来拜社公（即土地神），最后将生菜带回家祭祖，美其名曰“引财归家”。现在卖生菜的商家会在每扎生菜里放上一小片红纸，用来代表红包。

① 《龙山乡志》，民国十九年刻本，引自《中国地方志民俗资料汇编·中南卷》，书目文献出版社，1989 第 1 版，第 802 页。

② ［清］黄芝：《粤小记》卷四，见《清代广东笔记五种》，广东人民出版社，2006，第 439 页。

摆卖的生菜扎：每扎里有一个红包，一棵葱、两棵生菜、三支香

买生菜，应该是“采青”习俗的流变形式。如今的生菜扎里偶尔也会有一棵芹菜或葱，“芹”取谐音“勤”，寓意勤奋、勤劳，“葱”取谐音“聪”即聪明、聪慧，芹菜加葱加生菜，寓意勤奋加上聪明就能生财，无形当中对“行通济”的年轻一代进行了劝谕教化。

（三）掷钱币

最初建成的古通济桥，为三拱桥，在靠近桥尾的中拱与尾拱的左右两侧共有 4 只石龟，石龟的脑袋与篮球差不多大，每个石龟的背上都有一块石碑，每个石龟的占地面积大约 4 平方米，从底座到碑顶每个大约 4 米高，与桥拱位置持平。“行通济”那天，人们纷纷站在桥上用钱币或果品掷向石龟。如果掷中石龟的头部，人们认为来年会交好运；投掷的钱币或果品如果留在龟背上，没掉入水中，人们认为来年必有好运。[①] 成立人民公社后，1960 年 9 月通济桥被改成了单拱公路桥，石龟也被搬到了中山公园的秀丽湖旁边。[②]

（四）祭社公

行通济时，扯灯带的妇女要先到南济庙烧香，其他人可去可不去。但是下桥后，人们会争先恐后地到桥尾通运社坛烧香，祈求社公（即土地神）保佑自己诸事顺意、家中老少平安，佛山风调雨顺、国泰民安。有人还会烧一些写有“福禄寿喜”“四季平安”“四季安康”“财源广进”之类的红纸包，并且燃放爆竹以酬神。

土地神属于民间信仰中的地方保护神，以前，凡有汉族人群居住的地方就会供奉土地神。不止如此，土地神还是商人崇拜的财神，每个月的初二、十六，都要祭拜，在广东被称为“做迓”（或做牙）。

（五）拜祖宗

走完通济桥以后，人们通常把生菜、纸质金元宝等带回家中，将生菜供奉在家中的祖宗家神牌位前，焚香、烧金元宝，祭拜祖先。

“行通济”祭土地、拜祖先，也可以看作是佛山地域文化、商业文化的一个显著特点。

四、其他相关衍生活动

旧时，通济桥的桥头桥尾附近，有大块的空地，不少商贩及地方豪族，利用“行通济”的时机，大清早就在桥边方圆 500 米的范

---

① 采访录音整理：此习俗依据在通济桥畔生活了 70 余年、现年近 80 高龄的本地老人刘虾讲述的口述史整理。

② 佛山市城乡建设局编制组编《佛山市城市建设志》，广东科技出版社，1990，第 58 页。

围内摆摊设点。据陈恩维教授的调查采访[①]，这些摊档一般是经营一些娱乐项目，主要有：买大小、择鹅、择鸡蛋、择鱼虾蟹等博彩玩意，有卖艺的、卖药的，有砸骰子、翻摊等民间游艺活动，还有卖金钱剑、大关刀、打不死等民间工艺品的。

最有意思的是，有的小商贩别出心裁地推出一种叫“摘胡子”的游戏。悬挂几只大鹅或几条大鲤鱼，七八斤、十来斤的都有。想碰运气的就得从小贩手里买 10 根筷子，然后用筷子投掷前方一米处悬挂着的鹅或者鱼，如果 10 根筷子全砸中同一只鹅或鲤鱼，就可以把那大鹅或大鲤鱼拿回家。此类活动往往会吸引很多人参加，游客为了撞大运，无不趋之若鹜。

到了晚间，商贩们点起“气死风灯”（即风吹不灭的灯笼），把黑夜照得如同白昼，吸引“行通济”的人们购物娱乐。

附近民众走完通济，还习惯买一点生活用品，意味着“行通济”没有空手而归，有所收获。“行通济”民俗中商业活动的繁荣，是佛山商业发达的一个体现。

---

① 陈恩维:《广东佛山市禅城区“行通济”民俗调查报告》,2012,暂未刊印稿,作者赠阅,在此表示感谢。

广东客家桥头神位。图片采自广东梅州嘉应学院客家研究院网站

第七章 “行通济”习俗的舛变
——历史与现状

改革开放以来，神州大地在政治、经济、文化、科技等方面发生了翻天覆地的变化，人们的思想观念、价值取向、文化需求等方面也发生了巨大的变化。

在佛山“行通济”这项习俗的舛变过程中，有两个主要方面保持着相对的稳定性：一是人们的求财富、求平安的功利心态；二是慈悲为怀的普世情怀。

最开始的“行通济”活动，人们主要是奔着求财、求富、消灾、祛病的目的去的。传统社会中，基层民众特别是草根阶层在农闲之时的娱乐、消遣活动是极其有限的，在枯燥、繁重的劳动过后，基层社会中的民间习俗活动给了他们的心灵以慰籍，是他们一年之中难得的休闲时光和狂欢节。特别是像“行通济”一类的民俗活动及相关仪式，其仪式细节本身就被赋予了祛病、消灾、求财等含义，正中人们趋利避害的本能。所以，广大民众因为功利的目的而热衷于“行通济”，并使得这一行为发展为大规模的民俗活动，也就不足为怪了。

明清时期，特别是到了清代，在“行通济”活动期间，开始出现了人们自发、自觉做善事的现象。在行通济当晚，不少商家在沿途摆放点心、茶水等，供行人免费享用，有的药家还免费施医赠药，民间团体也自发组织捐款活动，用善款来扶危济困。[①]

现在，“行通济”的仁爱、互助精神也得到了很好的传承，而且有了新的发展。一些慈善组织、志愿者组织等出现在“行通济”活动中，着装统一的志愿者站在桥头、桥尾的人行道旁，或向民众派发宣传资料，或手捧募捐箱募捐，或在“行通济”的人潮中帮忙推轮椅，或搀扶老人，或引导人们的行走路线。慈善组织还组织义卖、专题募捐等活动。所得善款主要用于佛山辖区内的扶贫济困工作，定向帮助一些弱势群体，其主要资助项目有：助学、助医、助残、助孤、助老、危房改造和临时救济等 17 项。[②] 真正体现了“行通济”民俗 “通济天下”的精神。

任何民俗都是一定地域内社会发展的产物，必将随着社会政治、经济、生活、环境等方面的变迁而发生变化，它不是一成不变的。在保持基本内核和民俗基因相对不变的同时，其形式、载体、参与群体等都处在不断的变化中。

从历史的长河中一路走来，绵延了几百年的佛山“行通济”习俗也毫不例外地发生了舛变：习俗平台和空间的变化，仪式细节的增减；抗日战争、文革期间曾两度废止，后来参与活动的主体也发生了变化；民俗活动的草根性渐行渐远，活动路线被规划且时有变化等。

---

① 申小红：《佛山“行通济”民俗探析》，载《地方文化研究辑刊》编辑部编《地方文化研究辑刊》第 4 辑，巴蜀书社，2011，第 176 页。

② 张辉辉：《探讨地方习俗的产生与变异：以佛山“拜北帝”、“行通济为例》，《黑龙江史志》，2009，第 43 页。

一、习俗展示的平台和空间不断演变

“行通济”习俗是随着社会的变迁而发生变化的，而这些变化会具象在通济桥及其附属空间的变化上，由此也带来一些仪式细节的增减和丰富发展。

从前文的记述中我们了解到，通济桥的修建大致经过了4个阶段，有明确史料记载的就有10次。从木质结构到木石参半结构，从石质结构到混凝土结构，从混凝土结构到钢筋混凝土结构，从钢筋混凝土结构再回到石质结构，通济桥的修建，经历了从交通实用需要到彰显家族荣耀，从心理依赖到功利需求，从信仰萎缩到文化回归的过程。

水乡佛山位于河网密布的珠江三角洲平原的中心地带，境内河流纵横，桥对水乡民众的日常生活非常重要。通济桥横跨佛山涌的洛水，是通往顺德、番禺等地的必经之路，因此也是佛山河涌地带的水上物流、人流集散要地。“明清时期的佛山，是可以与省城广州比肩的手工业、商业非常发达的工商重镇。众多的手工业者和商人求财求利的商业诉求和功利心理特别强烈，他们有一定的社会影响力和经济实力，这是许多民俗活动风行的重要因素之一。在科学、文化还不发达的传统社会，人民对自身特别倚重的地域或建筑也常常会产生精神上、心理上的寄托或依赖。”[①] 所以通济桥经历屡修屡坏、屡坏屡修的过程是不足为怪的，因为它是佛山广大民众的乡情寄托和信仰载体，具有依赖惯性。

---

① 孙丽霞：《略论佛山民俗“行通济”的变迁》，中国民俗学会成立三十周年学术研讨会暨2013年年会，2013，暂未刊行稿，作者赠阅，在此表示感谢。

从通济桥的10次修建情况来看，其附属设施及桥场空间也在随之变化。桥亭（茶亭、且住亭等）的修建，除了给旅途中的过客提供歇脚和休息的场地外，它们还是本地民众休闲的地方，有时也是族长与族人商讨制订家规、颁布族约的场所。桥头的南济观音庙能满足已婚妇女祈求子嗣的心理需求，向石龟扔钱币果品，能满足广大民众祈求好运的功利需要，到桥尾祭祀社公，祈求风调雨顺，能满足人们的信仰需求。

抗战爆发前，通济桥及其附属设施、桥场空间的基本功能没有发生多大变化，仪式细节也基本保留，人们的信仰需求、心理需要、休闲娱乐等还能得到基本满足。抗战爆发后，在日寇铁蹄的践踏下，人们生活在水深火热之中，民不聊生，百业凋敝，生灵涂炭，朝不保夕，就连起码的生存也无法得到保障，对于广大民众来说，娱乐休闲等文化生活简直就是一种奢望，所以“行通济”活动也就基本消失了。

中华人民共和国成立后，百废待兴。通济桥经历了多次拆除改建，附近或附属设施等都被拆毁，习俗展示的平台及其周围环境早已面目全非，再加上“文革”期间，随着破除封建迷信活动及破“四旧”等活动的深入，像“行通济”一类的民俗活动毫无例外地被贴上了“封建迷信”的标签且严令禁止，所以“行通济”活动也被迫废止。

二、参与活动的主流群体时常有变化

20世纪70年代末，随着改革开放带来的社会进步和思想观念的改变，中断多年的“行通济”活动又开始复兴，整个活动也在不断发生变化，主要表现在参与该项活动的主流群体不断变化，人数不断增加，规模也越来越大。另外，一些仪式细节也有增减。“从单纯性、自发性的民俗活动发展成了政府引导、管理，多机构团体参与的泛民俗活动。”[①] 2001 年佛山市政府在原址附近重建了通济桥和以通济桥为中心的一些附属设施及桥场空间，如通济牌坊、通济广场、乐鱼亭、知鱼轩、生菜池等，环境变化了，“行通济”活动本身也发生了很大的变化。

（一）参与活动的人数增长

进入新世纪后，国家加大了对民俗活动的支持和扶持力度，并加以引导，以满足广大人民群众不断增长的文化需求。重建后的通济桥是南北方向的，“行通济”活动一般是佛山春节习俗的压轴戏，人们又常常将之与正月十五的元宵节并在了一起，所以，行通济的高峰时段通常在正月十五晚八点到十六的凌晨一点之间，2001 年参与“行通济”活动的人数近 30 万，2006 年为 47 万多人，2009 年增至 73 万多人， 2010、2011 年都达到了百万之众，2013、2014 年的正月十四至十六这三天，每天的人数都超过了 40 万，2014 年的正月十五这一天又恰逢西方的情人节 2 月 14 日，所以“行通济“的人数更是达到了 63 万之多[②]。以上只是官方公布的参与“行通济”的人数，而且也主要是在元宵节这个时间段统计的。其实，如果按照传统社会里的三天“灯节”来统计，即从正月十四零点开始，到正月十六二十四点截止，那么参与“行通济”活动的人数会大大超过官方公布的数字。

---

① 孙丽霞：《略论佛山民俗“行通济”的变迁》，中国民俗学会成立三十周年学术研讨会暨 2013 年年会论文，西安，2013，暂未刊行稿，作者赠阅，在此表示感谢。

② 岑雪莹、吴振山、李锋等:《暖流汇聚，快乐公益》,《人潮如涌爱满城》,《接龙巡游，笑语满城》，《佛山日报》2014 年 2 月 15 日第 A01—03 版。

（二）参与活动人群的构成变化

旧时，参与“行通济”活动的群体一般以家庭为单位，以佛山本地人为主，其次是佛山周边村镇的人。后来，借改革开放的春风，广东经济异军突起并且快速发展，吸引了大批的外来务工人员，在这样的背景下，外来人员大批南下广东各地。如今佛山的外来工作人员数量几乎超过了本地人，他们也逐渐成为“行通济”活动的主力军。“他们或是同事或是同乡，以年轻人为主，成群结队，家庭形式较少。”①

陶思炎先生在论述当代民俗变迁的标志时曾提出“主体空间的流动”的理论：指主体原相对封闭的生存空间被打破，进入一个彼此相联、上下流动的开放空间。其主要潮流是从农村流向都市，也包括其他人流群体的定向与多向的运动，它们包括打工群（弃农从工者）、商务群（外出经商者）、学生群（外出求学者）、海归群（归来的海外学子）、游客群（旅游观光者）等。② 参与“行通济”活动的主流群体的变化特征正是这一理论的典型验证。

三、传统与现代相关仪式细节的变迁

由于“行通济”活动的几度废止，许多本地的年轻人和大部分外来人员并不了解该项活动的民俗内涵，尤其是仪式细节方面的变化，如花灯的退出、生菜被抛掷、摘灯带祈嗣习俗的消失、掷钱币

---

① 孙丽霞：《略论佛山民俗“行通济”的变迁》，中国民俗学会成立三十周年学术研讨会暨2013年年会论文，西安，2013，暂未刊行稿，作者赠阅，在此表示感谢。

② 陶思炎：《论当代民俗生活的变迁》，《东南大学学报》（哲学社会科学版），2002年第4期，第61页。

投石龟、祭祀社公等仪式因建筑物的拆除而被废止等。

在传统社会中，花灯、风铃、生菜是“行通济”活动所需的三个主要吉祥物，其他的还有纸质金元宝、香烛等。花灯（灯笼）是传统社会时期晚上外出的主要照明工具，所以花灯（灯笼）是晚上走桥的必备用品，而且正月十六“行通济”民俗的形成与正月十五的开灯节和正月十六的散灯有直接的关系，所以花灯（灯笼）就演变为 “行通济”活动最主要的吉祥物。

中华人民共和国成立后，城市路灯的覆盖范围越来越广泛。特别是改革开放以来，城市亮化工程逐渐兴起，公共场所如公园、风景区等的照明设施日益增多且不断完善，作为照明工具的花灯或灯笼就渐渐淡出了人们的视线，退出了历史的舞台，现在的花灯或灯笼主要用作节日装扮，起增添节日气氛、美化城市的作用。

所以，如今的佛山民众“行通济”，一般都习惯带风车、风铃、生菜，它们被人们亲切地称作“吉祥三宝”：风车象征时来运转，顺风顺水，也叫转运风车，意头好，又轻巧，无安全隐患，所以老少咸宜；风铃的铃声悠扬、悦耳，象征着福音；生菜，在广东也叫做“胜意菜”，取谐音“生财”，象征着财源滚滚、财运亨通，所以，它是人们“行通济”活动不可或缺的吉祥物。

传统社会时期，人们“行通济“后，会把生菜带回家，供奉在家神牌位前。进入 21 世纪，很多人嫌麻烦，再加上富裕起来的人们也不再稀罕两棵生菜，不再将其带回家，而是从桥上直接扔到河里，造成了河道污染和严重的浪费。佛山民俗专家、地方名人一再呼吁“引财（菜）归家”，不要乱扔生菜，但是情况一直没有多大改观。

后来，在听取民俗专家的意见后，市政府斥资在桥尾的通济广场里修了个圆形池子，池子中间立了一个两米多高的陶塑生菜。本意是想用来转移人们的注意力，劝导人们不要扔生菜，结果没料到，人们走完通济桥，到桥尾又把生菜往池子里的陶塑生菜上扔，而且比以前往河里扔的劲头更猛，如果能碰巧扔到陶塑生菜上而没掉下来，就会喜笑颜开，认为来年会大吉大利，无意之中“扔生菜”就形成了攀比和竞赛，导致最近几年，每年“行通济”活动结束后，环卫工人都要清理十几、二十吨被砸烂的生菜。

至于摘灯带祈嗣习俗的消失，掷钱币投石龟、祭社公等仪式的废止，是由于通济桥的附属设施被拆除而造成的。

1958—1982 年期间，随着通济桥几次拆除改建，其附近的南济观音庙、社坛、桥亭，其附属的石龟等所谓的“封建毒瘤”被一一拔除。而 2001 年重建后的通济桥，虽然一定程度上满足了人们祈福消灾的愿望，但却再难恢复其深厚的历史底蕴和文化内涵。没有了南济观音庙、石龟、社坛、桥亭等旧日设施的“行通济”，其相关的习俗仪式也随之被永远地废止了。

四、民俗文化草根性的渐行渐远

民俗活动常常伴有禁忌规定，有了禁忌人们才会心存敬畏。旧时的 “行通济”活动最大的禁忌就是走回头路，因为通济桥是东西走向，所以明清到民国时期是从东边的桥头走到西边的桥尾，过桥尾右边的大基，经存院围兜至澳口返回家中，具体时间是从正月十五子时开始，到十六的子时止。

近年来，在市政府的主导下，围绕“行通济”民俗活动，佛山多方合力举办了内容众多、主题鲜明的大型文化活动，如 2006 年“畅行通济·引财归家”万家通济系列文化活动，2007 年“著名作家佛山闹元宵”，2008 年“省港传媒精英佛山行通济”，2009

年“岭南文化名家行通济”以及“闹元宵论财势行通济系列活动”等。2010—2014年，在佛山传媒集团和佛山市慈善会的具体组织下，在禅城区多个职能部门及社会慈善机构的配合下，连续几年举办“温爱佛山”慈善万人行系列活动，组织热心公益事业的企业、市民、宗教界代表等组成十几个方阵“行通济”，以“温爱佛山，通济天下”为主题，倡导扶危济困、互助友爱的慈善情怀。这诸多活动赋予了“行通济”更高层次的时代意义，却已与其原本民间自发自愿的草根性相去甚远。

现在重建后的通济桥是南北方向的，“行通济”活动又经政府宣传与正月十五的元宵节并在一起了。所以，行通济的高峰时段通常在正月十五晚八点到十六日凌晨一点之间，每年官方统计的“行通济”人数也主要是这个时间段的。“行通济”时，人们由北向南一路浩荡通过。只是现在有些人特别是年轻一代，为了图方便、省时间，又从桥尾逆行回桥头，根本没有什么禁忌和敬畏之心。

另外，随着城市建设速度的加快以及城镇化速度的提升，现如今的佛山，不仅很多地名、街道变了，消失了，而且出于安全方面的考虑，每年“行通济”的线路都是政府有关单位强行制定的，其基本路线是：从岭南大道行至同济东路再折向西，从同济市场前面的路口左拐进入骑楼通道，然后过通济桥，由通济广场出口到普澜二路向北、西、南三个方向疏散。每年的路线都会有所调整，市民只能按规定路线行进，还专门划定了紧急疏散区和出口，制定了严格的安保措施并配备了数量众多的安保人员。

这项民俗活动逐渐由政府介入并主导，年轻一代又不再注重旧有忌讳，民俗仪式变得随意而程序化，节庆氛围不再浓烈，“行通济”习俗的草根性也就渐行渐远了。

第八章　“行通济”习俗与申遗
——传承与发展

文化是时间性质的，也是空间性质的。非物质文化遗产文化空间，就是以文化的空间性质为主要研究和表述对象的一个新兴的重要概念。

非物质文化遗产是指各种以非物质形态存在的与群众生活密切相关、世代相承的传统文化表现形式，包括口头传统，传统表演艺术，民俗活动、礼仪、节庆，有关自然界和宇宙的民间传统知识和实践，传统手工艺技能等以及与上述传统文化表现形式相关的文化空间。

非物质文化遗产是以人为本的活态文化遗产，它强调的是以人为核心的技艺、经验、精神，其特点是活态流变。

一、中国非物质文化遗产简介

2003 年 10 月联合国教科文组织通过的《保护非物质文化遗产公约》指出，非物质文化遗产应涵盖 5 个方面的项目：口头传统和表现形式，包括作为非物质文化遗产媒介的语言；表演艺术；社会实践、仪式、节庆活动；有关自然界和宇宙的知识和实践；传统手工艺。非物质文化遗产概念中“非物质性”的含义，是与满足人们物质生活基本需求的物质生产相对而言的，是指以满足人们的精神生活需求为目的的精神生产这层含义上的非物质性。所谓非物质性，并不是与物质绝缘，而是指其偏重于以非物质形态存在的精神领域的创造活动及其结晶。

2011 年出台的《中华人民共和国非物质文化遗产法》也指出：“非物质文化遗产，是指各族人民世代相传并视为其文化遗产组成部分的各种传统文化表现形式，以及与传统文化表现形式相关的实物和场所。包括:（一）传统口头文学以及作为其载体的语言；（二）传统美术、书法、音乐、舞蹈、戏剧、曲艺和杂技；（三）传统技艺、医药和历法；（四）传统礼仪、节庆等民俗；（五）传统体育和游艺；（六）其他非物质文化遗产。”

二、“行通济”习俗的申遗

中国非物质文化遗产保护的方针是：保护为主、抢救第一、合理利用、传承发展。

佛山“行通济”习俗已被列入广东省的非物质文化遗产保护名录，但如何达到国家非物质文化遗产的要求和标准，如何成功跻身于国家级非物质文化遗产行列，个人认为要注意和注重以下几个方面的情况：

（一）全面加强相关资料的搜集整理工作

与“行通济”习俗有关的口口相传的故事传说、仪式细节等也是重要史料。

佛山“行通济”习俗是随着通济桥的建成使用而形成的传统习俗，它贴近广大民众的生活，是几百年来有着稳定的、自觉的参与群体的民间活动。它之所以能传承 400 多年，正是因为其广泛而深厚的群众基础，因为其习俗内涵中的民间性、草根性。同时由于这一点，这项民俗并未受到地方士绅、文人的重视，清乾隆、道光，民国三种版本的《佛山忠义乡志》都没有关于“行通济”习俗只言片语的记载，佛山文人文集中也找不到相关描述，有关该习俗的起源、背景、程式、禁忌等方面的传说和仪式细节绝大部分都是口头流传的，故抢救、发掘和整理该习俗的相关资料、文献等工作迫在眉睫。

中国民俗学会会长朝戈金教授曾经说过，口头传统的历史很悠久，是人类信息传递的基本手段，并进而发展成为一种极为复杂的艺术。在口头传统中，许多表述一经形成，就会固定下来，成为一种程式，程式化的表达，是它的特性之一。口头传统的特性有 9 种：（1）添加的而非附属的；（2）聚合的而非分析的；（3）冗余或冗赘的；（4）保守或传统的；（5）贴近生活世界的；（6）对抗的格调；（7）移情的和参与的；（8）均衡稳定的；（9）情景的而非抽象的。对口头传统的认识与研究，催生了对非物质文化遗产的认识和研究，进而催生了在全球范围内的大力推行非物质文化遗产的保护热潮。不要因为民间传说、口头传统的“口说无凭”“荒诞不经”而认为“不足采信”，而且随着社会的发展和互联网技术的出现，口头传统在信息传递的即时性、互动性、互文性、相互参照的关系，以及发散和随机的知识“节点”之间的链接关系等方面与互联网高度契合。①

只有通过开展深入的走访调查，才能了解“行通济”活动目前

① 朝戈金：《非物质文化遗产的人文学术维度》，中国民俗学会成立 30 周年学术研讨会暨 2013 年年会论文，西安，2013，暂未刊行稿，作者赠阅，在此表示感谢。

的存在状况、相关场所、实物资料、相关民俗活动等，全面掌握其现状及存在的问题。同时，应当运用文字、图片、音像以及数字多媒体技术，对其进行全面系统地记录、整理，收集相关代表性实物和仪式细节，予以妥善保存，并建立档案及相关数据库，使“行通济”习俗得到有效的保护和传承。

（二）充分保持和遵从民间习俗的原生态

“行通济”习俗的传承要充分尊重佛山本地人的感情和心理需求，重建有关公共设施，有利于还原或部分还原相关的仪式细节。

传统民俗的形成是一个民族或国家的历史文化长期积淀的过程，因此它是传承传统文化的重要形式和载体，可以强化社会认同和本地归属，提升集体凝聚力。

联合国教科文组织在《保护非物质文化遗产公约》中提到：“承认各社区，尤其是原住民，各群体，有时是个人，在非物质文化遗产的生产、保护、延续和再创造方面发挥着重要作用，从而为丰富文化多样性和人类的创造性做出贡献。”

“行通济”习俗强大的生命力和薪火相传的延续力，得益于佛山本地人对该习俗的喜爱与几个世纪的坚持。所以，充分尊重传统习俗与本地人的感情至关重要，这样才有利于还原相关仪式细节，使“行通济”民俗活动更接近本真。如今“行通济”活动的内容形式，因种种因素而在不断地变更：

1. “行通济”时间的改变

在佛山传统习俗和佛山人的心目中，“行通济”习俗的时间应该是正月十六（即从正月十五晚十一点到十六晚十一点），而不是现在政府统一宣传和组织的“正月十五行通济”或“元宵行通济”。

2. 生菜处置方式的不同

传统“行通济”活动后，人们几乎无一例外地将生菜带回家，并美其名曰“引财归家”，还要摆在家神牌位前供奉。而现在的年轻人或移民的“新佛山人”由于不理解传统仪式含义，随意将生菜丢弃，使得原本“生财”的美好寓意，变成严重的浪费和垃圾处理难题，也影响了“老佛山人”对提生菜“行通济”的热情，造成了新旧两代佛山人之间的摩擦与隔阂。

3. 花灯的退出

花灯（灯笼）作为传统社会夜间外出的主要照明工具，是当时晚上走桥的必备用品。后来随着城市夜间照明设施的完善，也由于传统花灯本身存在的安全隐患，渐渐被其他节庆物品所取代，退出了“行通济”活动的历史舞台。现在的花灯主要是LED灯，一般固定地悬挂在建筑物或景物上，用作城市节日装扮。

4. 转运风车的出现

20世纪七八十年代，风车开始取代花灯，成为人们“行通济”的吉祥物。风车象征时来运转，顺风顺水，也叫转运风车，意头好，又轻巧，物美价廉，无安全隐患，老少咸宜，所以越来越受民众欢迎。这是仪式细节中的亮点，也是时代发展带来的进步。

5. “行通济”路线的规定

传统社会中，除了约定俗成的“从桥头（东头）走到桥尾（西头），不走回头路”的规则，人们“行通济”的路线都是自由选定的，是自觉自愿地、可以随时地，从任意路口加入“行通济”的人潮。而在21世纪，佛山市政府重建了石质通济桥以后，“行通济”不再由广大民众自己随意行走，而是由政府提前划定路线并配备警务人员维持活动秩序。虽是出于安全考虑，但这违背了民俗活动的民间性、草根性、自愿性，广大民众特别是本地人的心理落差可想而知。

6. 通济桥牌坊门槛的移除

门槛，是中国传统建筑、特别是有出入门口的建筑中的一个重要构件，如宫殿、民居、庙宇、牌坊等，是门的文化中必不可少的一部分。门槛最初出现是因为其具有拦雨、阻虫、挡风等功能，但随着人类社会的发展和文明的进步，这一常见的建筑构件被赋予了更多的意义和功能，如禳灾辟邪、驱鬼除疫、防财外流以及身份地位的象征等。“行通济”习俗历来有“忌踩槛”的讲究，踩门槛被认为会招致不吉，所以人们经过牌坊时须一步跨过。门槛是通济桥牌坊的一部分，也是“行通济”习俗的一部分。没有了门槛，牌坊失去了原有的韵味，“行通济”也少了许多仪式感，人们没有了禁忌，也就少了几分对古桥文化的谦恭和敬畏。

7. 相关附属设施的拆毁

1958—1982 年的重建，完全忽视了通济桥作为文物，或说作为传统民俗载体的价值，通济桥被改成钢筋混凝土桥梁，仅作交通使用，连桥旁的石龟也被挪走，附近的南济观音庙、通运社、桥亭被拆除，石碑被掩埋，石板被移用等。这些附属设施的拆毁，连带着古时“行通济”衍生的摘灯带、向石龟掷钱币等习俗也失去了活动空间，随之消失无踪。

（三）充分尊重和照顾广大民众的情感需求

充分尊重和照顾广大民众特别是外来人员的认同需要和归属

需求。

现在参与“行通济”活动的人群中有很多人是在佛山工作的外地人，这些人来到佛山后不同程度存在着被边缘化、不被本地认同的感觉，不能很好地融入本地社会。而“行通济”活动没有任何限制和标准，使得外地人更愿意参与。朴素的求财运、求平安、“无闭翳”等理念也容易为人们所接受。

再加上佛山厚重的文化氛围、良好的营商环境，使得外来人员更容易相信本地人崇尚的“行通济”活动能带给人们财运和平安。所以，无论是本地人还是外地人，都会在活动当晚加入浩浩荡荡的“行通济”人潮中，向着同一个目标前进，也向着每个人的人生理想、内心憧憬行进，自然而然地便会产生认同感、自豪感和归属感，强化对佛山人、佛山文化的认知。

人们在“行通济”仪式中融入佛山文化，许下相似的祈福心愿，也在强化着民俗本身的向心力和包容感，使“行通济”渐渐成为广府人的“集体无意识”①。在这样的潜移默化中，“行通济”真正成了人们沟通情感的桥梁，满足了不同原属地民众对佛山的认同感和美好向往，极大地增强了佛山民众的凝聚力，有利于佛山地方的和谐与社会稳定。

（四）加强“行通济”品牌的保护和适度开发利用

佛山“行通济”民间习俗已有400多年的历史。作为一项民俗文化活动，无论是活动场域、仪式程序还是文化象征，其恢复和保

① 谢中元：《佛山“行通济”民俗的价值探讨》，《佛山科学技术学院学报》（社科版），2010年第5期，第61—62页。

留的程度相对来说都还比较完整和接近原生态。如今它也渐渐产生了品牌效应。

民俗学理论认为，一项完整的民俗活动，普遍具有仪式、象征和秩序的意义。以此观照“行通济”习俗，我们不难发现，诸如举风车、提生菜走过通济桥而不能回头，甚至一走就要走三年等约定，其仪式性是非常明显的。而“行通济，无闭翳”作为过桥时所喊的口号和一种共同心愿，目的是祈求通达、顺利、健康，其祈福的文化意义十分突出，其他如风车“转”运，生菜与“生财”谐音等皆为吉物，使其象征意味更加浓郁。

从秩序方面来说，自李待问修通济桥的善举发轫，到2011年开始举行的佛山公益慈善盛典和元宵慈善文化万人行活动，为传统民俗注入新鲜血液，公益慈善的传承宣示了社会伦理和社会秩序的进步和变化。特别是2007年，“通济和谐”被确定为“新时期佛山人精神”之一，证明了其对和谐社会建设的积极推动作用。

美国民俗理论学家艾利奥特·奥里恩说过：“民俗正好是阈限，因为它既没有理论也没有方法论来控制它的前景。”[①] 但民俗在借民众共同记忆上升到普遍文化认同后，会成为文化资源与政治经济整合的符号，“行通济”的品牌保护和开发将有章可循。

除了狂欢娱乐、祈福许愿外，“行通济”所具有的加强亲族联系、润滑人际关系的功能，明显可以强化社会认同感、提升集体凝聚力。因慈善元素的融入，和谐仁爱的理念更加凸显，这些人文价值是一

---

① ［美］艾利奥特·奥里恩：《关于美国民俗研究的未来：一个回答》，转引自杨丽东：《“行通济”品牌保护正当时》，《佛山日报》2013年3月2日B01版。

个城市文明发展的内在驱动力，也是品牌保护和开发的基因密码。

在“行通济”民俗模式相对单一的情况下，可考虑将佛山的陶艺、武术等文化标识融于其中，并对其文化内涵进行深度探讨、发掘。另外，也可围绕“行通济”习俗在民间工艺品的开发，节庆文化活动的举办，以及岭南文化一条街的打造等方面来做文章。

“行通济”已经成为政府推动、媒体倡导、民众参与的广泛性民俗活动，塑造了佛山形象，成为佛山的文化标识，是不可或缺的民俗品牌资源。[①]

有理由相信，“行通济”民俗品牌的保护和打造，对于遏制伪民俗的蔓延，防止“行通济”被过度征用和商业侵蚀等方面必将大有裨益，在此基础上，对“行通济”民间习俗的升级，势必会激活佛山民众共同的文化认同，形成稳定的价值取向和商业运行模式，从而让“行通济”民俗继续传承并且发扬光大。

（五）淡化政府部门的主导地位和主体作用

对于“行通济”习俗，政府部门应发挥引导作用，支持、推进其保护与传承工作，但不能矫枉过正，忽视习俗本身的草根性和广大民众的诉求。

在传统文化与现代文明的碰撞中，既要尊重传统，又要着眼现实。传统民俗文化的继承和发扬，既要尽可能恢复其原汁原味的内容精髓，又不能一板一眼地照搬；既要与时俱进，为其注入新时代的活力，又不能偏离其原本的核心价值。从辩证法的角度来说，凡事要讲究一个度，遵从适度原则，过与不及都不是度。政府部门在

① 参见杨丽东：《“行通济”品牌保护正当时》，《佛山日报》2013 年 3 月 2 日 B01 版。

民俗活动方面，要引导和尊重传统习俗，尊重广大民众的情感需求，不宜大包大揽，主导活动规划。笔者认为如今的“行通济”活动，相关部门应适度“放手”，群众的活动，由群众来办。

1. 应取消对“正月十五行通济”的宣传

在老一辈佛山人眼里，正月十五前仍是年节，正月十六是“开工日”，开工才要“行通济”。而自新世纪通济桥重建以来，佛山市各大媒体出于对习俗宣传推广的考虑，也出于对发行量、点击率的考量，在市政府的默认和支持下，将“行通济”时间宣传为正月十五元宵节，这严重偏离了该习俗的本意，也违背了本地人对“行通济”的认知，所以，“正月十五行通济”也遭到了大多数“正月十六行通济”的佛山本地人以“不行通济”来进行的无声的抗议。佛山市本地的民俗专家亦多次就活动时间问题，向市政府呼吁要回归本真。

2. 应完全统计“行通济”活动的参与人数

近几年政府及各大媒体公布的“行通济”人数，每年都在增加，但实际仅统计了正月十五到十六的零点或一点之间的“行通济”人数，过后的人数不再纳入统计。对于“正月十六行通济”的本地人来说，似乎没有受到应有的尊重，“正月十六行通济”也似乎不被认可。

3. 在交通管制、路线限制方面应广听民意

每年的“行通济”的线路都是政府有关单位强行制定的，事先并没有征求广大民众的意见，没有听取广大市民的心声，也没有尊重佛山本地人的愿望。“行通济”期间很多街道临时封闭，不准行人和车辆通过，导致很多家在附近的人要兜一大圈才能返回家中，

造成了许多市民的不便，也降低了人们观光游玩的乐趣。

4. 充分发挥社会组织的自主性

节庆民俗活动作为公共文化，植根于民间，应结合基层单位与社会组织两方面的积极作用，要充分相信社会组织的组织、协调能力和应急能力，让群众自筹自办、自娱自乐。其实，参照全国其他地方类似的民俗活动，都是社会组织和志愿者在张罗，活动现场仅配备了少量安保人员，几乎感受不到政府的介入和存在。

（六）加大政府的指引作用与资金支持力度

在对“行通济”民俗的保护与传承工作中，政府应主要着力于指引、倡导和为其争取财政资金支持等方面：

一是要根据“行通济”民俗的特点，制定科学的保护规划，落实有针对性的保护措施。要注重在相关社区的宣传、教育，注重与其他民俗活动相结合，促进“行通济”民俗的群体传承。

二是要将“行通济”项目与其文化生态环境进行动态的整体性保护。不仅要保护其主要表现形态，而且要保护与它相关的自然环境和人文社会环境。例如“行通济”项目的保护要与其相关的民俗活动特别是与佛山春节期间的其他习俗，如南海官窑、九江的生菜会、南海乐安花灯会、顺德陈村的花市、顺德龙江庙会等紧密结合，整体保护，鼓励有条件的地方可探索文化生态保护的方式，条件成熟的时候可以考虑将这些习俗打包申报岭南春节习俗保护基地。

三是广泛开展宣传活动，促进“行通济”活动的传播和弘扬。通过广播、影视、报刊、互联网等大众传媒，积极报道宣传；鼓励各种传播机构拍摄制作相关的视听节目或音像制品，组织相关保护成果的出版；鼓励图书馆、文化馆、博物馆、科技馆、档案馆和非物质文化遗产学术研究机构、保护机构以及文艺表演团体、演出场所经营单位等，开展对“行通济”的整理、研究、宣传、展示活动和学术交流活动。

开展“行通济”民俗等非物质文化遗产的保护工作，不仅对培育中华民族精神、弘扬中华文明、建设中华民族共有精神家园具有重要意义，而且对于保持世界文化多样性、促进国际社会文明对话、实现人类社会可持续发展具有重要作用。保护非物质文化遗产，是我们每个人义不容辞的责任和义务。让我们携起手来，共同努力，为保护和弘扬中国优秀的非物质文化遗产，推动文化大发展、大繁荣，促进中国经济社会全面协调、可持续发展，做出更大的贡献。

第九章　余论
——桥与“行通济”民间文化习俗的总结

桥梁不仅是一种具有实际交通功能的建筑，而且是既有美感又多情趣的艺术品，城市是建筑的附属品，而桥梁是城市的纽带，是人文科学、工程技术与文化艺术高度统一的产物。

桥中的文化，是指依托于桥梁为载体，反映出文化意识形态方面的内涵，具有明显的物质性，它是通过桥梁工程实体的某些部分来折射出一些非物质文化的内容，它所附着的载体通常是桥梁工程的一部分，如雕塑、桥碑、桥廊、牌坊、桥场、景观、绿化、园艺等，桥中文化的相关载体或建筑物，通常是桥梁设计的重要组成部分。

文化中的桥，是指以各种文学、艺术作品的成果为载体，来反映桥梁的风貌、成就、建设意义以及人们对桥梁的歌颂、赞扬的文化形式，具有明显的非物质性，如桥诗、桥文、桥联等。

桥梁建设的最终目的是形成通道，连接两岸，服务社会，造福民众，因此桥梁文化具有广泛的社会性，如桥与政治、桥与经济、桥与民众、桥与名人、桥与宗教、桥与民俗等。

桥将水域划分的空间衔接，将无法企及的沟壑相连，桥是一条放大的板凳，是跨越障碍的通道。

桥梁尽展其分格空间的功效，“北去横桥道，西分清渭流”[①]，也尽现其与周围环境的协调，“杨柳萦桥绿，玫瑰拂地红”[②]。只有内容与形式的高度统一，功能与美学的完整结合，方显其不朽的生命力。取之于自然，用之于自然，桥梁最原始的功能也就在于“畅通无阻”。

我国古代桥梁的艺术风格，首先表现在造型上，如曲线的柔和多变；其次，我国古桥十分重视与环境的协调，由于桥的存在，又增加了环境的美；再者，我国古代桥梁的艺术风格还体现在附属建筑和石作雕刻上，许多古桥上都有桥屋、亭、阁、栏杆以及牌坊等。

桥与山水。山水本来就是美丽的，桥在这样的天然图画中，真是相得益彰。杜甫诗“市桥官柳细，江路野梅香”[③]，白居易诗“晴虹桥影出，秋雁橹声来”[④]等，就描写了山光水色与桥共同构成的美景。

桥与园林。园林里有山有水必有桥，亭台楼阁，小桥流水，互相映衬，缺一不可。欧阳修的“波光柳色碧溟蒙，曲渚斜桥画舸通”[⑤]这两句诗，就是对此的写照：波光粼粼，柳色青青，相互辉映，构

---

① ［清］曹寅、彭定求等编《全唐诗》第38卷第24首《文德皇后挽歌》，朱子奢，中华书局，1960，第665页。

② ［清］曹寅、彭定求等编《全唐诗》第22卷第21首《舞曲歌辞·屈柘（zhè）词》，温庭筠，中华书局，1960，第373页。另见同书第581卷第5首《握柘（zhè）词》，温庭筠，中华书局，1960，第9993页。

③ ［清］曹寅、彭定求等编《全唐诗》第226卷第13首《西郊》，杜甫，中华书局，1960，第3420页。

④ ［清］曹寅、彭定求等编《全唐诗》第447卷第81首《河亭晴望》，白居易，中华书局，1960，第7313页。

⑤ ［宋］欧阳修：《西湖泛舟呈运使学士张掞》，《欧阳修文集》卷五六《居士外集》卷六，辽海出版社，2010，第274页。

成绿蒙蒙的一幅画卷，弯弯的小河上有一座桥斜跨上面，一条画舫正从桥下穿过。

桥与文艺。桥在水上山间，凌空越阻，千姿百态，普度众生，历来是文学和艺术中的绝好题材。如佛山数量众多的有关通济桥的诗词《村尾垂虹》，一系列有关通济桥的神话传说，源远流长，也是妇孺皆知的。

在桥与民俗之间，桥本身甚至已经不具备多少实际交通功能，它更多地承载着民俗活动的文化意义。佛山“行通济”习俗最早出现在明末清初，乾隆年间达至鼎盛，商业诉求和求利心理在这里发挥了重要作用。

明清时期广东商帮崛起，水涌环绕的佛山因商业发达成为工商巨镇。通济桥横跨佛山涌，是通往顺德、番禺的必经商道，因此承载着商贸交流和经济融通的使命。佛山人从商求利的务实愿望，就是在这座连通四方的桥上得到集中表达和呈现。通济桥附近后来陆续增建了牌坊、南济观音庙和通运社，佛山“行通济”民俗便正式形成一套完整的仪式，成为一种地域文化象征。农历正月十六日被约定为过桥日，四乡男女老少特别是已婚妇女步入观音庙烧香求嗣，男子抽签求好运，然后他们或提着花灯、生菜，或手持风铃、金元宝、香烛等走过通济桥，求赐丁财。下桥后到通运社坛焚烧香烛，燃放鞭炮。

元宵“行通济”蔚然成风，旨在借助节庆氛围、欢乐色彩图吉图利。“上元，开灯宴，普君墟为灯市。自元旦为始，他乡皆来买灯，挈灯者鱼贯于道，通济桥边，胜门（即今城门头）溪畔弥望，率灯客矣。”[①] 从文献记载中可以看到，形式大于内容的过桥习俗本质上是民众良好愿望的隆重展演和快乐盛宴。“行通济”既缺乏原始图腾的古老积淀，也没有神祗崇拜的隐性支撑，但是始终风行旺盛，发展成佛山最具特色和影响力的民俗事象[②]。其实“任何一种民俗事象，都不是个人的行为，而是社会普遍传承的风尚和喜好”[③]。佛山的“行通济”也不例外，其主要仪式是“过桥”，纵观穿插在仪式中被增补的民俗行为——拿花灯、举风车、摇风铃、提生菜，“过桥”显然不是交通枢纽的物理功能，其深层寄托只能从大众心理内部给予解读。正如叶春生先生所言，民俗事象所演绎的相关仪式，“是一种心意文化，是民间思想的一种潜在意识”[④]。

行通济从实用性到象征性升华的过程，就是佛山民众在日常生活中祈望跨越艰难、抵达康乐的真实心路。这一点并非佛山人的特殊心理，上元或元宵节前后晚上的桥俗在中国汉族的岁时节日里十分普及，“人们为避灾求福，出游走桥的风俗，实具有全国性的规模。”[⑤] 民俗意义上的走桥，在各地被命名为“走百病”“度厄”“走三桥”“游桥”“游百病”“烤百病”“消百病”等，与佛山习俗的本质指向一致。民俗中的过桥仪式，意味着渡过不幸或消除疾病，获取健康和财富。

佛山人“行通济”与中原地区或江南地区传统的走百病有所不

① ［清］陈炎宗：《乾隆·佛山忠义乡志》卷六《乡俗志》，第3—4页。

② 谢中元：《佛山“行通济”民俗的价值探讨》，《佛山科学技术学院学报》（社会科学版），2010年第5期，第61页。

③ 陶立璠：《民俗学概论》，中央民族学院出版社，1987，第27页。

④ 叶春生：《探索民间信仰的深层意蕴，构建和谐社会的人性根本》，《文化遗产》2007年第1期，第53页。

⑤ 周星：《桥与文化随笔系列》，《文史知识》，1998年第12期，第44页。

同，其世俗性的求丁求财的考量和狂欢的意味，多于巫术性的驱邪、度厄的宗教信仰。

人的一生，危险与生机同在，磨难与希望并存，桥其实是通向幸福和光明未来的代称和媒介，是坎坷与坦途的完美连接。桥本身蕴含的象征意义，升华为人生命运戏剧性转折中的文化意象。“行通济”从实用性到象征性升华的过程，就是佛山民众在日常生活中祈盼福祉、抵达康乐的心路历程。

古时，洛水两岸竹木摇曳，河中舟舫如织，桥上行人络绎。斜阳映照，桥影倒映水面如虹，俗称“村尾垂虹”，古人遂将之列入“佛山八景”之中。每逢正月十六，自薄暮至清晨，家家户户扶老携幼，成群结队，拎着花灯，由东往西走过通济桥，祈求时通运转，吉祥如意。

现如今人们“行通济”是举着风车、摇着风铃、提着生菜，由北往南，浩浩荡荡走过通济桥，再现了古镇风貌，彰显了本地习俗，传承了历史文脉，开启了未来华章。

综上所述，佛山“行通济”习俗其实是中原走百病习俗的本地化的结果。全国各地走百病的主要仪式细节，几乎都可以在佛山找到其遗迹或踪影，但是佛山“行通济”又与佛山地域文化融合在一起，从而形成了自己的特色，它是中国的祈福文化与佛山的家族文化、工商文化、宗教文化等相互交融的产物，再现了佛山地方风俗杂糅、商业气息浓厚、多神信仰突出的特征。

附录：中国知名古通济桥

据查证，中国现存的名为“通济桥”的桥梁有多座，材质有钢筋水泥、石板或石条等。知名的通济桥主要有 7 座，而这 7 座桥中只有福建漳州通济桥是自古至今留存下来的真正意义上的古通济桥，属于全国重点文物保护单位，其他的基本都是后来重建的。佛山通济桥因为与“行通济”这项自明代末年就开始风靡的大型民俗活动紧密相连而闻名珠三角、港澳地区，如今的影响已经遍及全国。

一、福建漳州通济桥

即江东桥，属于全国重点文物保护单位。古称虎渡桥，又名通济桥，是一座多孔梁式石桥，位于龙文区与龙海市交界处，横跨于九龙江北溪下游。这里地处九龙江北溪与西溪交汇入海处，两岸峻山夹峙，江宽流急，地势险要，古称“三省通衢”。相传初建桥时，桥墩屡建不稳，偶有猛虎负子过江，遂依虎道勘得水中礁石，乃就石垒墩，桥墩遂固，故名虎渡桥。而《漳州府志》卷六则说此处“为郡之寅方，因名虎渡”。

宋绍熙元年（1190 年），这里曾架过浮桥，嘉定七年（1214 年）郡侯宗正少卿庄夏始建石墩木桥，嘉熙元年（1237 年）木桥毁于战火，于是在漳州郡守李韶倡议下，建成梁式石桥。《龙溪县志》记此石桥“广二十尺，长二千尺”，桥孔“十有五道”。1970 年于古桥上加高架设钢筋混凝土公路桥。今在靠西岸公路桥下，尚存古桥的5座完整桥墩、两跨桥面及9座残墩基和东西金刚墙，残长100.35米。桥墩以0.35米×0.4米×5.2米的条石交错叠砌，呈舰首形，通长11.4米，宽5.3米。墩间每跨以3—5条石梁铺成桥面。

江东桥的石梁每条长22—23米、宽1.15—1.5米、厚1.3—1.6米，重达近200吨。这是桥梁建筑中的伟大创举，中外建桥史上的奇迹。我国桥梁专家茅以升在1962年4月3日《人民日报》发表的《中国石拱桥》一文中说：“我国劳动人民在建筑技术上有很多创造，在起重吊装方面更有意想不到的办法，如福建漳州的江东桥，修建于八百年前，有的石梁一块就有二百来吨重，究竟是怎样安装上去的，至今还不完全知道。”英国剑桥大学李约瑟博士在《中国科学技术史》一书中也说：“江东桥是一个有趣的历史性问题。”国家文物局编辑的文物教材之一、罗哲文主编的《中国古代建筑》书中，第一章就提到：“虎渡桥重达二百吨的石梁，工匠们如何把它们架上波涛汹涌的急流之上，至今仍然令人为之惊叹。”

二、广东佛山通济桥

通济桥在佛山有着悠久的历史，是佛山最早兴建的第一座大木桥，据考证，该桥早期由乡民集资修建，是木质人行桥。

通济桥始建于明代，横跨洛水河，北连金鱼街，分别于嘉靖三十八年（1559年）、隆庆二年（1568年）、万历九年（1581年）三次重修。天启六年（1626年）户部尚书李待问再次发起募捐重修，取名“通济桥”，取其“必通而后有济也”之意。后人在桥旁石柱刻以对联：“通七堡之游行，逸客寻春，任得渡头饮马；济万人之往来，曲桥跨水，艳称村尾垂虹”，并建有南济观音庙和通运社。

民国初年，通济桥附近河道淤塞，已极少有人往来。解放后，佛山马路多次扩建，通济桥下的河涌被改为暗沟，桥面被改为大马路，这一带就再也找不到“桥”的痕迹了。

岁易时移，昔日通济桥已难觅踪迹，使年年“行通济”习俗徒有虚名，实为广大民众之憾事。为弘扬传统文化，保护历史遗迹，佛山市政府斥资1700万元于2001年1月18日重建通济桥。修复后的通济桥，建筑风格优美，文化底蕴深厚。

通济桥全长32米，宽9.9米。桥两端的抱鼓石，以祥云和蝙蝠衬托风车，凸显出通济桥民俗的象征物——风车。桥身上雕刻着相传八仙过海时所执的神器，切合了广大民众过桥时祈求消灾、寻求平安的美好愿望。桥柱的上部，用大象的头“拱”出一个果篮，里面有南瓜、仙桃，取意“象抱太平”。古代的通济桥，桥头石级共9级，桥尾13级，反映出民众“九出十三归”的求财心愿。如今这个特点也在新桥上得到了体现：以防滑条取代台阶，在桥的北端安置9根，在桥的南端安置13根，这不仅提高了安全系数，同时也满足了广大满足过桥祈福的心理。通济桥下面的水体面积约2000平方米，岸边修建了亲水台阶、知鱼轩、乐鱼亭，取意于古诗“鱼乐人亦乐，泉清心共清”。

重建后的通济桥虽没有了舟舫如织，没有了斜阳映桥如虹，但“行通济”之风长盛不衰。

三、浙江余姚通济桥

余姚通济桥是余姚市城关镇的交通要冲，横跨浙江省余姚市城中的姚江之上，沟通余姚南北两城的通济桥，如长虹卧波，北近舜江楼，南通江南直街；行船东通宁波，西达绍兴、杭州。从岸边望去，该桥形体右倾；桥下碧波荡漾，桥孔高圆，倒影成环。

通济桥又名舜江桥。由于它是姚江上最长最高的桥，故被称为“浙东第一桥”。据《余姚县志》载，该桥始建于北宋庆历年间（1041—1048年），原系木结构桥，初名德惠桥，后又改名为虹桥，屡建屡毁。元至顺三年（1332年）改建成石砌三孔桥，定名为通济桥。通济桥全长90米，高大雄伟，桥旁立了一块石碑，上面题着：“海舶过而风帆不解”8个字。北宋时王安石任鄞县县令时旅行至此，更是情不自禁地赞叹道：“山如碧波翻江去，水似青天照月明。唤取仙人来此住，莫教辛苦上层城。”现存的桥是清雍正七年至九年(1729—1731年)重建，用木椿2100根，全长约90米，共106级。

通济桥是一座斗栱式三孔两墩石桥，桥面中心宽5.61米，主孔净跨14.2米。桥顶栏板里侧刻有对称的莲枝浮雕花纹，线条流畅。24根望柱上都有石雕，其中桥顶4根望柱上雕刻着石狮首像，形态逼真，精致秀丽；桥南坡和北坡的望柱顶上雕刻着形态各异的莲花座。在主栱两侧边墙上，分别刻有对联，东联为“千时遥吞沧海月，万年独抵大江浪”，西联为“一曲蕙兰飞彩鷁，双城烟雨卧长虹”。整个桥形显得稳重、大方，远远望去，长虹飞跨姚江，气势雄伟。

四、浙江金华通济桥

俗称金华大桥，位于金华市西南隅。它是金华的胜景之一，横跨婺江之上，是连结金华南北两区的纽带，是通向兰溪、衢州的要道。

通济桥横跨在婺江上，婺江将金华分成南北两区。很早以前只有浮桥相通，但每遇江水暴涨，就会桥断舟散，交通断绝。大约在元代大德四年，西峰寺及庵禅师为沟通南北，倡议改建石桥，并为之输财集资，四处奔走，耗时5年半，砌成了11个桥墩，可惜还来不及架桥梁，及庵禅师圆寂，工程也就停下来了。又过了许多年，西峰寺住持云龙方丈带头倾尽衣钵寺产作建桥之资，集腋成裘，终于在元代元统二年（1334 年）修建完成。

通济桥位于八一路南端，横跨婺江南北。原为浮桥，当时的通济桥是 11 孔石墩木梁桥。墩西正方而东小椭，以杀水怒。墩高去水 41 尺（约 14 米），桥面又高出墩上 8 尺多（约 3 米），桥长 780 尺（约 260 米），上覆瓦屋 50 间，间以三殿两亭，亭置四天王，殿塑妥大士、泗洲僧伽等神像，蔚为壮观。

后屡经修复，到清嘉庆十四年（1809 年）改为 13 孔石拱桥，掀掉屋瓦，加筑石栏，别有风光。解放后桥面加固加宽，北岸增建二孔石拱旱桥，桥上设置了形如花树的路灯，中间为行车道，两旁为人行道。

如今，通济桥白天人来车往，络绎不绝；入夜则华灯绽放，碧波荡漾，桥影摇曳，分外妖娆，令人驻足忘返。

五、福建连江通济桥

通济桥，俗称江南桥。在连江县城南门外，横跨敖江之上。《连江县志》载：“通济桥，在南门外。隋大业年间，僧独觉造。首尾石梁，中流仍渡以舟，名曰‘红亭渡’。宋政和四年，玉泉寺僧真觉募造，越七载成，计十八门，长五十丈，广一丈六尺，高三丈有差。语其徒曰：‘我死，沉骸桥下，则桥永无坏。’人怀其德，不忍。因造塔桥南瘗之。”后元、明、清历代多有维修。解放后利用其原有桥墩改造为木质公路桥。1972 年又改建为钢筋混凝土公路桥。通济桥又是连江解放的历史见证，1949 年 8 月 16 日凌晨，中国人民解放军为了解放连江，在这里与国民党军队展开殊死的搏斗。

桥下水声潺潺，放眼望去，沙坂泛绿，视野开阔，景色壮丽。著名的敖江十二景之一的“蝶案潮平”即在这里。每年端午，敖江龙舟竞渡，桥上人山人海，观者云集。

六、贵州贵阳通济桥

位于贵州省贵阳市南明区的头桥、二桥、三桥，旧名通济桥，头桥在民国初年桥头尚伫立一亭，名“山溪一曲亭”。亭柱上有一联，为陈冠山所题：“说一声去也，送别河头，叹万里长驱，过桥便入天涯路；盼今日归哉，迎来道左，喜故人见面，握手还疑梦里身。”那时的贵阳交通不便，北往四川，有关刀岩及鸦关所阻，羊肠小道步行困难。西去云南，出西门须沿着市西河岸先到头桥，再经二桥、三桥，才转入通滇大道。人们送别亲友赴滇川都送到头桥而止，桥头建有接官亭，为官府送往迎来之所。

七、四川成都通济桥

位于成都市华阳镇西双流村，横跨府河，又名“中兴大桥”，系卷拱七孔石桥，宽 10 米，清道光五年（1825 年）由举人贾琏生募捐修建。1949 年冬，国民党军队溃退时炸毁东端一孔，1952 年修复，桥上有石栏，立石柱 108 根，中嵌石板，镌刻有人物、飞禽、走兽、花卉及十二生肖浮雕。

八、其他通济桥

北京市：

良乡县南岗洼桥（原名通济桥）

广东省：

潮州龙溪通济桥

新会驿前桥（原名通济桥）

台山通济桥

上海市：

金山张堰板桥（原名通济桥）

浙江省：

宁波通济桥

余杭径山通济桥（又名北溪桥、大桥）

舟山定海通济桥

湖州南浔通济桥

湖州德清跃龙桥（古称通济桥）

嘉兴乌镇通济桥

义乌通济桥

浦江县通济桥

安徽省：

黟县通济桥（原名戊己桥）

李坑通济桥

六安通济桥

河北省：

通州通济桥

承德通济桥

石家庄井隆通济桥（天长镇石桥头村通济桥）

山东省：

历城通济桥

福建省：

泉州石笋桥（原名通济桥）

湖南省：

宁乡通济桥

怀化靖县马王桥（又名通济桥）

江苏省：

苏州通济桥

常州通济桥（也叫东仓桥）

镇江通济桥

东台八字桥（又名通济桥、广济桥）

江西省：

新余通济桥

婺源思溪通济桥

山西省：

灵石县通济桥

侯马通济桥

贵州省：

平越通济桥

云南省：

昆明通济桥（现已毁）

青海省：

西宁通济桥（现不存）

参考文献

一、古代、近代文献

[1] [宋] 欧阳修．欧阳修文集．沈阳：辽海出版社．2010.

[2] [宋] 洪皓．松漠纪闻．刻本．三瑞堂．1873（清同治十二年）.

[3] [宋] 武珪．燕北杂记．北京：文学古籍刊行社．1956.

[4] [明] 郎瑛．七修类稿．上海：上海书店出版社．2009.

[5] [明] 刘侗，于奕正．帝京景物略．北京：北京古籍出版社，1980.

[6] [明] 兰陵笑笑生．金瓶梅．济南：齐鲁书社，2004.

[7] [明] 沈榜．宛署杂记．北京：北京古籍出版社，1980.

[8] [清] 毛奇龄．毛西河先生全集．刻本．萧山陆凝瑞堂．1796（清嘉庆元年）.

[9] [清] 樊彬．燕都杂咏．刻本．长沙石耕山房．1907（清光绪三十三年）.

[10] [清] 刘献廷．广阳杂记．北京：中华书局，1957.

[11] [清] 曹寅，彭定求，等．全唐诗．北京：中华书局，1960.

[12] [清] 屈大均．广东新语．北京：中华书局，1985.

[13] [清] 黄芝．粤小记 // 吴绮，等．见清代广东笔记五种．广州：广东人民出版社，2006.

[14] [清]顾禄. 清嘉录. 北京：中华书局，2008.

[15] [民国]我是山人. 西江争雄记. 香港陈湘记书局发行，出版年代不详.

[16] [民国]冯文洵. 丙寅天津竹枝词. 抄本，[出版地不详]：[出版者不详]，[1934].

二、族谱

[1] 李氏族谱. 佛山市博物馆藏.

[2] 梁氏家谱. 佛山市博物馆藏.

[3] 佛山纲华陈氏族谱. 佛山市博物馆藏.

[4] 岭南冼氏宗谱. 佛山市博物馆藏.

[5] 鹤园冼氏家谱. 佛山市博物馆藏.

[6] 广东南海霍氏族谱九卷本. 佛山市博物馆藏.

[7] [清]霍承恩. 广东南海霍氏族谱十一卷. 清道光二十八年世睦堂木刻活字印本十一册. 广东省中山图书馆藏.

[8] 顺德梁氏支谱. 佛山市博物馆藏.

[9] 佛山栅下区氏族谱. 佛山市博物馆藏.

[10] 太原霍氏崇本堂族谱. 佛山市博物馆藏.

[11] 南海鹤园陈氏族谱. 佛山市博物馆藏.

[12] 南海金鱼堂陈氏族谱. 佛山市博物馆藏.

[13] 江夏黄氏族谱. 佛山市博物馆藏.

[14] 劳氏族谱. 佛山市博物馆藏.

三、地方志

[1] [元]大德南海县志残本.

[2] [明]黄佐. 广州志残本.

[3] [明]嘉靖重修一统志之广州府二.

[4] [清]瑞麟，戴肇辰，史澄，等. 广州府志，清光绪五年刊本影印本，台湾：成文出版社，1966.

[5] [清]康熙·南海县志//日本藏中国罕见地方志丛刊. 北京：书目文献出版社，1992.

[6] [清]陈炎宗. 乾隆·佛山忠义乡志. 佛山市博物馆藏线装书.

[7] [清]吴荣光. 道光·佛山忠义乡志. 佛山市博物馆藏线装书.

[8] [民国]冼宝干. 民国·佛山忠义乡志. 佛山市博物馆藏线装书.

[9] 正德江宁县志. 明抄本.

[10] 琼台志. 宁波天一阁藏明正德刻本影印本，上海：上海古籍书店，1964.

[11] 常德府志，宁波天一阁藏明正德刻本影印本，上海：上海古籍书店，1964.

[12] 大兴县志. 清抄本.

[13] 顺天府志. 重印本，1902（清光绪二十八年）.

[14] 宛平县志. 抄本，具体年代不详.

[15] 怀柔县新志. 铅印本，1935（民国二十四年）.

[16] 顺义县志. 铅印本，1915（民国四年）.

[17] 顺义县志. 铅印本，1933（民国二十二年）.

[18] 平谷县志. 铅印本，1934（民国二十三年）.

[19] 通州志. 刻本，1879（清光绪五年）.

[20] 大兴县志. 抄本，具体年代不详.

[21] 良乡县志. 刻本，1700（清康熙三十九年）.

[22] 天津卫志. 清康熙十三年本校印本，易社，1934（民国二十三年）.

[23] 天津府志. 刻本，1899（清光绪二十五年）.

[24] 天津志略. 铅印本，1931（民国二十年）.

[25] 蓟州志. 刻本，1704（清康熙四十三年）.

[26] 武清县志. 刻本，1742（清乾隆七年）.

[27] 宁河县志. 刻本，1779（清乾隆四十四年）.

[28] 真定县志. 刻本，1646（清顺治三年）.

[29] 束鹿县志. 刻本，1799（清嘉庆四年）.

[30] 晋县志. 石印本，1927（民国十六年）.

[31] 晋县志料. 石印本，1935（民国二十四年）.

[32] 藁城县志. 铅印本，1933（民国二十二年）.

[33] 高邑县志. 铅印本，1941（民国三十年）.

[34] 赵州志. 铅印本，1939（民国二十八年）.

[35] 新乐县志. 铅印本，1939（民国二十八年）.

[36] 深泽县志. 清同治元年刻本重印本，1936（民国二十五年）.

[37] 宣化县新志. 铅印本，1922（民国十一年）.

[38] 赤城县志. 刻本，1747（清乾隆十二年）.

[39] 龙门县志. 刻本，1712（清康熙五十一年）.

[40] 蔚县志. 刻本，1877（清光绪三年）.

[41] 怀安县志. 刻本，1876（清光绪二年）

[42] 万全县志. 乾隆十年增刻本，1834（清道光十四年）.

[43] 万全县志. 铅印本，1934（民国二十三年）.

[44] 永平府志，刻本，1774（清乾隆三十九年）.

[45] 昌黎县志．铅印本 ,1933（民国二十二年）．
[46] 直隶遵化州志．刻本，1794（清乾隆五十九年）．
[47] 遵化通志．刻本，1886（清光绪十二年）．
[48] 抚宁县志．刻本，1877（清光绪三年）．
[49] 滦州志．刻本，1810（清嘉庆十五年）．
[50] 丰润县志．铅印本，1921（民国十年）．
[51] 保定府志．刻本，1886（清光绪十二年）．
[52] 涞水县志．刻本，1895（清光绪二十一年）．
[53] 涿州志．刻本，1875（清光绪元年）．
[54] 定县志．刻本，1934（民国二十三年）．
[55] 阜平县志．刻本，1874（清同治十三年）．
[56] 易州志．刻本，1747（清乾隆十二年）．
[57] 雄县新志．铅印本，1929（民国十八年）．
[58] 祁州志．刻本，1756（清乾隆二十一年）．
[59] 望都县志．铅印本，1934（民国二十三年）．
[60] 河间县志．刻本，1760（清乾隆二十五年）．
[61] 沧州志，刻本，1743（清乾隆八年）．
[62] 盐山县志．刻本，京都文采斋，1868（清同治七年）．
[63] 吴桥县志．刻本，1875（清光绪元年）．
[64] 东光县志．刻本，1888（清光绪十四年）．
[65] 肃宁县志．刻本，1756（清乾隆二十一年）．
[66] 交河县志．刻本，1916（民国五年）．
[67] 青县志．刻本，1882（清光绪八年）．
[68] 青县志．铅印本，1931（民国二十年）．
[69] 南皮县志．刻本，1888（清光绪十四年）．

[70] 任邱县志. 刻本，1762（清乾隆二十七年）.

[71] 衡水县志. 刻本，1767（清乾隆三十二年）.

[72] 景州志. 刻本，1745（清乾隆十年）.

[73] 枣强县志. 刻本，1804（清嘉庆九年）.

[74] [清] 杨宾. 柳边纪略. // 金毓黻. 辽海丛书. 铅印本. 辽海书社，1931—1934（民国二十至二十三年）.

[75] [清] 林佶. 全辽备考. // 金毓黻. 辽海丛书. 铅印本. 辽海书社，1931—1934（民国二十至二十三年）.

[76] 奉天通志. 铅印本，1934（民国二十三年）.

[77] 海城县志. 铅印本，1937（民国二十六年）.

[78] 开原县志. 刻本，1859（清咸丰七年）.

[79] 西丰县志. 铅印本，1938（民国二十七年）.

[80] 凤城县志. 石印本，1921（民国十年）.

[81] 义县志. 铅印本，1931（民国二十年）.

[82] 吉林通志. 刻本，1891（清光绪十七年）.

[83] 辑安县志. 石印本，1931（民国二十年）.

[84] 顺义县志. 铅印本，1933（民国二十二年）.

[85] 黄县志. 刻本，1756（清乾隆二十一年）.

[86] 莒州志. 刻本，1796（清嘉庆元年）.

[87] 潍县志稿. 铅印本，1944（民国三十三年）.

[88] 花县志. 刻本，1890（清光绪十六年）.

[89] 从化县新志. 刻本，1909（清宣统元年）.

[90] 韶州府志. 刻本，1874（清同治十三年）.

[91] 归善县志. 刻本，1783（清乾隆四十八年）.

[92] 长乐县志. 民国间铅印本.

[93] 潮州府志. 油印清顺治十八年修纂刻本、康熙五年补刻本，广州：广东省中山图书馆，1957.

[94] 潮州府志. 重刻乾隆四十年本，1893（清光绪十九年）.

[95] 海阳县志. 刻本，1900（清光绪二十六年）.

[96] 潮阳县志. 刻本，1884（清光绪十年）.

[97] 普宁县志. 刻本，1745（清乾隆十年）.

[98] 揭阳县志. 刻本，1779（清乾隆四十四年）.

[99] 顺德县志. 刻本，1750（清乾隆十五年）.

[100] 顺德县志. 刻本，1856（清咸丰六年）.

[101] 龙江乡志. 刻本，1930（民国十九年）.

[102] 新会县志. 刻本，1841（清道光二十一年）.

[103] 高明县志. 刻本，1894（清光绪二十年）.

[104] 开平县志，刻本，1823（清道光三年）.

[105] 恩平县志. 刻本，富文斋，1825（清道光五年）.

[106] 阳江县志. 刻本，1925（民国十四年）.

[107] 吴川县志. 启寿刻本，1892（清光绪十八年）.

[108] 肇庆府志. 刻本，1833（清道光十三年）.

[109] 怀集县志. 铅印本，1916（民国五年）.

[110] 广宁县志. 刻本，1824（清道光四年）.

[111] 四会县志. 铅印本，1925（民国十四年）.

[112] 德庆州志. 刻本，1899（清光绪二十五年）.

[113] 龙州县志. 油印民国十六年修纂本，南宁：广西壮族自治区博物馆，1957.

[114] 凤山县志. 油印民国三十五年修纂本，南宁：广西壮族自治区博物馆，1957.

[115] 来宾县志．铅印本，1937（民国二十六年）．

[116] 容县志．刻本，1897（清光绪二十三年）．

[117] 博白县志．刻本，1832（清道光十二年）．

[118] 贵县志．铅印本，1935（民国二十四年）．

[119] 钦州志．刻本，1834（清道光十四年）．

[120] 廉州府志．刻本，1833（清道光十三年）．

[121] 琼台志．宁波天一阁藏明正德刻本影印本，上海：上海古籍书店，1964．

[122] 琼山县志．刻本，1857（清咸丰七年）．

[123] 文昌县志．刻本，1858（清咸丰八年）．

[124] 澄迈县志．刻本，1820（清嘉庆二十五年）．

[125] 儋县志．铅印本，1936（民国二十五年）．

[126] 感恩县志．铅印本，海口：海南书局，1931（民国二十年）．

[127] 龙山乡志．刻本，1930（民国十九年）．

[128] 阳江县志．刻本，1925（民国十四年）．

[129] 四会县志．铅印本，1925（民国十四年）．

四、今人著作

[1] 毛泽东．毛主席诗词十九首．北京：文物出版社，1958．

[2] 毛泽东．毛主席诗词二十一首．北京：文物出版社，1958．

[3] 唐寰澄．中国古代桥梁．北京：文物出版社，1957．

[4] 罗英．中国石桥．北京：人民交通出版社，1959．

[5] 罗英．中国桥梁史料．上海：上海科学技术出版社，1961．

[6] 朱保炯，谢沛霖．明清进士题名碑录索引．上海：上海古籍出版社，1980．

[7] 唐寰澄．桥．北京：中国铁道出版社，1981．

[8] 黄梦平．桥梁建筑．北京：科学普及出版社，1981．

[9] 潘洪萱．古代桥梁史话．北京：中华书局，1982．

[10] 孙殿起，雷梦水．北京风俗杂咏．北京：北京古籍出版社，1983．

[11] 茅以升．中国古桥技术史．北京：北京出版社，1986．

[12] 樊凡．桥梁美学．北京：人民交通出版社，1987．

[13] 茅以升，等．中国桥梁史话．台湾：明文书局股份有限公司，1987．

[14] 陶立璠．民俗学概论．北京：中央民族学院出版社，1987．

[15] 吴晗，等．皇权与绅权．天津：天津人民出版社，1988．

[16] 丁世良，等．中国地方志民俗资料汇编．北京：书目文献出版社，1989．

[17] 黄敏枝．宋代佛教社会经济史论集．台湾：台湾学生书局，1989．

[18] [日]山本宏．桥梁美学．姜维龙，译．北京：人民交通出版社，1989．

[19] 佛山市城乡建设局．佛山市城市建设志．广州：广东科技出版社，1990．

[20] [美]张仲礼．中国绅士：关于其在19世纪中国社会中作用的研究．李荣昌，译．上海：上海社会科学院出版社，1991．

[21] 佛山市交通局．佛山市交通志．广州：广东人民出版社，1991．

[22] 《中国桥梁》编写组．中国桥梁．上海：同济大学出版社，1993．

[23] 刘志文．广东民俗大观．广州：广东旅游出版社，1993．

[24] 唐寰澄．桥梁美的哲学．台湾：明文书局股份有限公司，1994．

[25] 王展意．桥梁漫话．北京：人民交通出版社，1994．

[26] 罗一星．明清佛山经济发展与社会变迁．广州：广东人民出版社，1994．

[27] 佛山市地方志编纂委员会．广东省地方志丛书佛山市志．广州：广东人民出版社，1994．

[28] 万明坤．桥梁漫笔．北京：中国铁道出版社，1997．

[29] 茅以升，茅于美．没有不能造的桥．福州：福建科技出版社，1998．

[30] 周星．境界与象征——桥和民俗．上海：上海文艺出版社，1998．

[31] 唐寰澄．中国科学技术史·桥梁卷．北京：科技出版社，2000．

[32] 任流．行通济．广州：花城出版社，2000．

[33] 罗哲文，刘文渊，刘春英．中国名桥，天津：百花文艺出版社，2001．

[34] 周新成，李爱国．中国桥文化．徐州：中国矿业大学出版社，2002．

[35] [英]李约瑟．中国科学技术史．陆学善译．北京：科学出版社，2003．

[36] 中华人民共和国交通部．中国桥谱．北京：外文出版社，2003．

[37] 周新成．中国桥美学．徐州：中国矿业大学出版社，2003．

[38] 中国共产党历史第一卷人物注释集. 北京：中共党史出版社，2004.

[39] 叶春生. 广东民俗大典. 广州：广东高等教育出版社，2005.

[40] 戴志坚. 中国廊桥. 福州：福建人民出版社，2005.

[41] 张文. 宋代民间慈善活动研究. 重庆：西南师范大学出版社，2005.

[42] 王弘力. 古代风俗百图. 沈阳：辽宁美术出版社，2006.

[43] 国家文物局. 中国文物地图集. 北京：地图出版社，2007.

[44] 岑大利. 中国乡绅史话. 沈阳：沈阳出版社，2007.

[45] 李晓杰. 九州津梁. 长春：长春出版社，2007.

[46] 王小兰. 桥. 北京：中国人民大学出版社，2007.

[47] 任流. 通济传奇. 佛山市禅城区文化广电新闻出版局，佛山市戏剧家协会，2008.

[48] 任流. 通济天下. 北京：中国文联出版社，2009.

[49] 徐飞，顾炳鑫. 西湖民间故事：玉泉. 上海：上海人民美术出版社，2010.

[50] 茅以升. 桥梁史话. 北京：北京出版社，2012.

[51] 关宏. 佛山年俗. 广州：世界图书出版广东有限公司，2013.

[52] 余婉韶. 佛山民俗. 广州：世界图书出版广东有限公司，2013.

[53] 任流. 别样精彩行通济. 北京：中国戏剧出版社，2013.

五、今人论文

[1] 叶显恩. 明清珠江三角洲土地制度，宗族与商业化 [J]. 香

港中文大学中国文化研究所学报（30周年纪念专号），1997（6）.

[2] 谢中元，佛山“行通济”民俗的价值探讨 [J]. 佛山科学技术学院学报：社会科学版，2010，28（5）：60 - 63.

[3] 陶思炎. 论当代民俗生活的变迁 [J]. 东南大学学报：哲学社会科学版，2002（4）.

[4] 陈恩维. 广东佛山市禅城区“行通济”民俗调查报告（初稿）[R]. 2012年暂未刊行稿，作者赠阅.

[5] 朝戈金. 非物质文化遗产的人文学术维度 [C]. 中国民俗学会成立三十周年学术研讨会暨2013年年会论文集. 西安：2013年11月.

[6] 孙丽霞. 略论佛山民俗“行通济”的变迁 [C]. 中国民俗学会成立三十周年学术研讨会暨2013年年会论文集，西安：2013年11月.

[7] 王海娜. 佛山“行通济”习俗探析 [C]. 广东省文博学会第六届年会暨学术研讨会论文，2010年12月.

[8] 韩康信，潘其风. 广东佛山河宕新石器晚期墓葬人骨 [J]. 人类学学报，1982，1（1）.

[9] 广东省博物馆. 广东三水市银州贝丘遗址发掘简报 [J]. 考古，2000（6）.

[10] 广东省博物馆. 广东南海县灶岗贝丘遗址发掘简报 [J]. 考古，1984（3）.

[11] 广东省博物馆. 广东南海县西樵山遗址 [J]. 考古，1983（12）.

[12] 邵宝健. 天涯梦绕湖州桥 [N]. 湖州晚报，2012 - 09 - 15，（6）.

[13] 庞建民．通济桥恋曲 [J]．佛山市图书馆编佛图通讯，2005（2）．

[14] 通济桥的变迁 [N]．佛山日报，2001 - 02 - 05（3）．

[15] 吴岚岚，冯璐．“行通济”源自中原，佛山绽奇葩——访广东省民俗文化研究会会长刘志文 [N]．佛山日报，2009 - 02 - 09（5）．

[16] 岑雪莹，吴振山，李锋，等．暖流汇聚，快乐公益 [N]．人潮如涌爱满城 [N]．接龙巡游，笑语满城 [N]．佛山日报，2014 - 02 - 15（A01 - 03）．

[17] 朱光文．榕树・河涌・镬耳墙：略谈岭南水乡的景观特色 [J]．岭南文史，2003（4）．

[18] 黄嘉隽．城市广场场所氛围营造初探 [J]．中国科技博览，2009（29）．

[19] 叶春生．探索民间信仰的深层意蕴，构建和谐社会的人性根本 [J]．文化遗产，2007（1）．

[20] 李关寿，孙家驷．论巴蜀桥文化的风格特征 [J]．公路交通技术，2011（2）．

[21] 张辉辉．探讨地方习俗的产生与变异：以佛山“拜北帝”“行通济为例 [J]．黑龙江史志，2009（15）．

[22] 王超，师红保．从门槛的象征角度探讨门槛禁忌 [J]．传奇・传记文学选刊（理论研究），2011（05）．

[23] 申小红．佛山“行通济”民俗探析 [J]//《地方文化研究辑刊》编辑部．地方文化研究辑刊：第 4 辑．成都：巴蜀书社，2011．

后　记

据了解，在佛山市非物质文化遗产保护工作中，“行通济”已经作为春节习俗的一项内容，被列入广东省级及佛山市级的非物质文化遗产名录。目前，佛山正在申报成为国家级的“春节习俗保护基地”，如申报成功，将进一步有利于这项传统习俗的保护。

“行通济”这个传承几百年的风俗，贯穿始终的是佛山人祈福同时不忘慈善的民俗精神。很多关于通济桥的传说、传奇故事，都离不开祈福以及慈善两个主题，不论是茶楼老板拾金不昧捐钱建桥，还是李待问带头捐薪建桥，都是一种善举。这寄托的正是一种通达而不忘济世的情怀，是佛山人兼爱务实、互相提携、互相关爱的传统价值观与道德准则的集中体现。佛山有一句俚语：“同台食饭各自修行。”这不是各人顾自己的意思，而是说无论你从事哪一行业，做任何事、待任何人都要有自己的道德底线，有所修为，其道德核心正是传承了几百年的“慈善、兼爱”。

进入新世纪，随着“行通济”活动影响的不断扩大，在国家不断加大对文化事业投入的同时，地方社会如何保持地域民俗的原生态、如何传承发展民俗文化、如何引导大众积极参与，以满足广大民众日益增长的文化需求，是地方政府和业内人士亟需研究的课题。

本人亲身体验、参与“行通济”民间习俗已经有 8 年了，调查走访、搜集相关资料也历经了8个春秋。本书的写作，从接受课题到思考大纲，从结构安排到文稿撰写，几易其稿。由于资料的匮乏，再加上本人学识的粗浅，不足之处在所难免。幸好在成书过程中，得到了佛山市博物馆领导曹学群、关宏、何德彬的关心，其他同事的鼓励，使我信心大增。佛山科学技术学院学报主编戢斗勇先生提出了中肯的建议，佛山科学技术学院陈恩维教授慷慨赠予相关资料并给予无私的帮助、指导，从书编委会及出版社的各位同仁也付出了辛勤劳动，同事游宝怡在百忙之中帮我美化了部分图片，同事陈兆镜也提出了建设性的意见，在此一一表示衷心感谢！

申小红

2014年4月30日